JN097298

賃貸住宅管理業・サブリース業のための

わかりやすい賃貸住宅管理業法の実務ポイント

弁護士 江口正夫・著

大成出版社

発行に寄せて

　当協会は、平成7年の設立当初より賃貸住宅管理に関わる人材育成や実務対応策の研究、賃貸借契約書の統一化など業界ルールの整備に取り組んで参りました。平成25年からは賃貸住宅管理の法制化に尽力し、令和2年の賃貸住宅管理業法の成立は、まさに協会の念願が叶った瞬間でした。現在は、国土交通大臣への登録満了日に向けて当協会の全会員が登録できるように全力で支援を行っております。

　江口正夫先生は長年にわたって当協会の理事をお務め頂くなど、賃貸住宅市場の整備・発展に多大な貢献をされております。賃貸住宅関連の法令に精通されているとともに、現場実務について十分な見識も備えられているため、当協会では常日頃から全国各地の勉強会の講師として、精力的な講演活動も行って頂いております。また、この度、国家資格になった賃貸不動産経営管理士資格においても、民間資格の頃より幅広い視点で惜しみなく知識の提供等でご尽力頂きました。

　賃貸住宅所有者及び賃貸住宅管理業者の皆様におかれましては、貸主・借主間の賃貸住宅トラブルの未然防止をはじめ、賃貸住宅市場における賃貸住宅管理業法への適切な対応のために本書をご活用頂くことを祈念しております。

　令和3年9月

公益財団法人日本賃貸住宅管理協会

会長　塩見　紀昭

は じ め に

　「賃貸住宅の管理業務等の適正化に関する法律」（以下「賃貸住宅管理業法」という。）が令和２年６月12日に成立し、同月19日に公布された。不動産の賃貸経営については、賃貸の仲介業務は宅地建物取引業に該当し宅地建物取引業者でなければ行うことができないが、賃貸管理業やサブリース業については、これまでは業界を所管する法律が存在しておらず、誰もが賃貸住宅管理やサブリースを営むことができた反面、賃貸住宅管理業やサブリース業については紛争を生じることも少なくなく、時には訴訟にまで発展するケースもあり、国民の住生活の安定という面で克服すべき課題も少なくなかった。

　賃貸住宅管理業法は、社会経済情勢の変化に伴い、賃貸住宅の持つ国民の生活の基盤としての役割の重要性が増大していることに鑑み、賃貸住宅の入居者の居住の安定の確保及び賃貸住宅の賃貸に係る事業の公正かつ円滑な実施を図るため、❶賃貸住宅管理業を営む者に係る登録制度を設け、❷サブリース契約のうち特にマスターリース契約の適正化のための措置等を講ずることにより、良好な居住環境を備えた賃貸住宅の安定的な確保を図り、国民生活の安定向上及び国民経済の発展に寄与することを目的として制定されたものである。

　この目的からもわかるように、賃貸住宅管理業法は、大別すると、２つの項目から成り立っている。１つは、賃貸住宅管理業を営む者に係る登録制度を設け、無登録業者は管理戸数が200戸未満である場合を除き賃貸住宅管理業を営むことができなくなり、業務管理者の選任、重要事項説明、財産の分別管理、定期報告等の登録業者に対する業務規制を通してその業務の適正な運営を確保する措置を規定したこと、もう１つは、マスターリース契約の勧誘規制、重要事項説明等のサブリース契約の管理を適正化するための措置を規定したことである。

　本書は、賃貸住宅管理業やサブリース業にかかわる方々に、賃貸住宅管理業法の全体像をお伝えするとともに、賃貸住宅管理業やサブリース業を営む

上での実務上のポイントをわかりやすく説明することを心がけたものである。

　この法律の趣旨と目的をご理解頂き、適正に業務を果たすことを通じて、今後の賃貸住宅管理業界の安心、安全の確保と、社会的地位の向上につなげて頂けるならば、著者として望外の喜びである。

令和3年9月

弁護士　江口　正夫

第3章 特定賃貸借契約（マスターリース契約）の
適正化のための措置●70

巻末資料

第1章

賃貸住宅の管理業務等の適正化に関する法律の制定とその経過

第1節 | 法律の成立と施行日と経過措置

■1 法律の成立と施行日

　令和2年6月12日に「賃貸住宅の管理業務等の適正化に関する法律」（以下「賃貸住宅管理業法」という）が成立し、同月19日に公布されている。

　この法律は、大別して、賃貸住宅管理業務に関する規制と、いわゆるサブリースに関する規制に分かれ、これら2つの項目についての規制を定めたものである。賃貸住宅管理業については、管理戸数が200戸以上の場合は国土交通大臣の賃貸住宅管理業の登録が法的に義務付けられ、各種の業務規制が課される。いわゆるサブリース契約は、建物の所有者とサブリース業者との間で締結されるサブリース原契約（いわゆる「マスターリース契約」と、サブリース業者とエンドユーザーとなる転借人との間の狭義の「サブリース契約」とで組成されるが、このうち、賃貸住宅管理業法が規制の対象としているのは、いわゆる「マスターリース契約」についてである。

賃貸住宅の管理業務の適正化等に関する法律の成立と施行日

成 立 日	2020年6月12日
公 布 日	2020年6月19日
施行期日	❶サブリース業者と所有者との間の賃貸借契約の適正に係る措置　2020年12月15日 ❷賃貸住宅管理業に係る登録制度の創設　2021年6月15日

②経過措置

　賃貸住宅管理業法の施行の際、現に賃貸住宅管理業を営んでいる者は、この法律の施行の日（2021年6月15日）から起算して1年間は、賃貸住宅管理業者の登録の規定にかかわらず、賃貸住宅管理業を営むことができる。

　この法律は、具体的にはオーナーから委託を受けて「賃貸住宅管理業務」を営もうとする者のうち管理戸数が200戸以上の者について国土交通大臣の登録を義務付けたものであるが、この要件に該当する事業者であっても、経過措置により、法律施行の日から1年間は賃貸住宅管理業を継続することができるが、それ以降は登録を受けるか、賃貸住宅管理業から撤退するかの、いずれかの選択を迫られることになる。

③法律制定の影響

(1)　賃貸住宅管理業法の施行により、従来の大臣告示に基づく「賃貸住宅管理業者登録制度」は、賃貸住宅管理業法の施行日をもって廃止される。

(2)　従来の賃貸不動産経営管理士はどのように扱われるかという点については、賃貸住宅管理業法により、業務管理者を設置することが義務付けられており、令和2年度までに賃貸不動産経営管理士に合格し、令和4年6月までに移行講習を受けた者は、業務管理者となることが認められ、従来の賃貸不動産経営管理士の資格は国家資格化されることとなった。

(3)　サブリースのうち、マスターリース契約を勧誘する者に対しては、誇大広告の禁止や不当な勧誘行為が禁止されるとともに、サブリース業者がマスターリース契約を締結するときは、あらかじめオーナーに生ずることが想定されるリスク等に関する契約締結前の重要事項説明書の交付及び説明義務や契約締結時の書面の交付義務等が求められることとなった。

第2節｜賃貸住宅管理業法が制定された背景

■1 わが国における賃貸住宅の位置付けの変化

　住宅に対する認識は、高度経済成長期からいわゆるバブル経済に至るまで、ローンを組んで住宅を購入し、自ら所有する住宅に居住するということが究極の目的とされることが多かった。その背景には、不動産価額の上昇があり、ローンを組んで住宅を購入すれば、その後の不動産価額は金利を大きく超えて上昇していたため、住宅購入金と金利を合わせた額を遥かに超える価値の不動産を手にすることが可能であったからである。すなわち、わが国においては、住宅の購入は、単なる生活の場の確保にとどまらず、資産形成の一環でもあった。

　このため、住宅については、若い頃には賃貸アパートに居住し、その後分譲マンションを購入し、究極的には一戸建住宅を購入するという、いわば「賃貸アパート」⇒「分譲マンション」⇒「一戸建住宅」へという、いわゆる「住宅双六」とでもいうような考え方がなされることも少なくなかった。しかし、バブル経済の崩壊を経た後は、不動産価額は必ずしも上昇を続けるとは限らず、価額が値下がりすることもあり得るようになり、住宅の取得は資産形成になるとは限らないとの認識が一般的になってきた。住宅についても、資産形成の手段ではなく、それぞれの嗜好や生き方に沿った暮らしの場であるとの認識が多くなり、持ち家より、借地・借家を志向する割合は、平成11年の時点では11.6％に過ぎなかったが、令和元年の時点では21.8％に増加するに至っている（国土交通省「令和元年度土地問題に関する国民の意識調査」令和2年6月）。

　同時に、快適な暮らしの場である住宅に対する要望も様々であり、賃貸管理の内容は徐々に高度化しつつある。

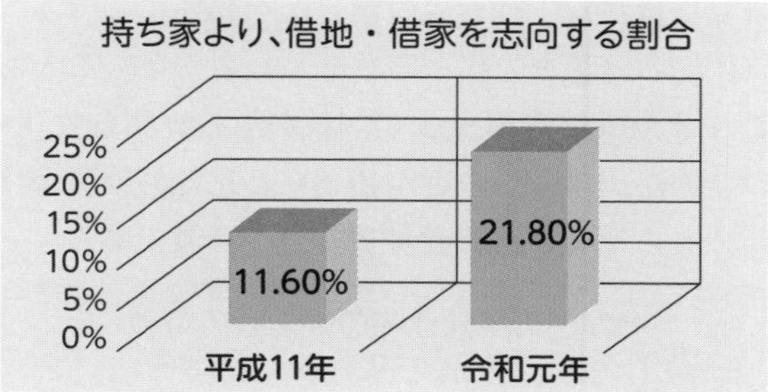
持ち家より、借地・借家を志向する割合
25%
20%
15%
10%
5%
0%
11.60%
21.80%
平成11年
令和元年

2 世帯構成の変化

国立社会保障・人口問題研究所によると、わが国の単身者世帯の割合は2015年から2032年まで増加が続き、その後減少に転ずるが、それでも単身者世帯の割合は2015年に対して2040年は8.3%の増加となっている。このうち、沖縄県では31.7%、滋賀県では22.5%、埼玉県では20.1%の増加となっている（国立社会保障・人口問題研究所『日本の世帯数の将来推計（都道府県別推計)』(2019年推計))。単身者世帯の住まいは賃貸住宅である場合が多いため、単身者世帯の増加は、今後の賃貸住宅需要の増加につながることが想定される。

3 外国人居住者の増加

さらにインバウンドの数は2000年代初め頃までは500万人前後であったが、2013年頃から急増しはじめて、2019年には約3,188万人となっている。わが国に居住する外国人の数も増加しており、賃貸住宅に居住する外国人の数も増加している。

外国人への賃貸に際しては、言語の問題や、生活習慣の違い等から、賃貸人が自分で管理することが困難なケースもあり得るところである。

4 賃貸管理の状況

他方において、わが国の民間賃貸住宅は約８割が個人経営であり（社会資本整備審議会民間賃貸住宅部会「最終とりまとめ」2010年１月)、会社員・

公務員との兼業で賃貸経営を行う者の割合は44.5%にのぼる。これは、相続等により、賃貸住宅の経営を先代から承継した者が多いことも原因のひとつと思われる。こうした事情も相まって、わが国の民間賃貸住宅の経営者は、賃貸住宅経営の経験が10年未満の者が49.8%と比較的経験が浅く、かつ、50歳以上が58.3%を占めるなど高齢者が多いのが特徴である。

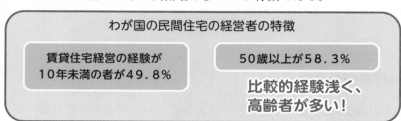

こうした事情から、賃貸住宅の重要が高まり、賃貸管理の内容も高度化していくなかで、民間賃貸住宅は平成4年度においてはオーナー自ら賃貸住宅を経営する自主管理が約75%、賃貸管理を業者に委託するのは約25%に過ぎず、自主管理が圧倒的に多数を占めていたが、令和元年度には、自主管理は18.5%、賃貸管理を業者に委託するケースは81.5%にまで上昇している。賃貸住宅の管理業者の果たす役割が相対的に高くなっていることがわかる。

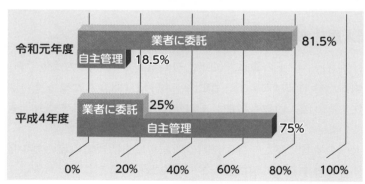

⑤賃貸管理を巡るトラブルの増加

上記の事情の変化を背景に、賃貸管理に関するトラブルも年々増加する傾向にある。全国消費生活ネットワーク（PIO-NET）によると、賃貸住宅に

おける管理会社等を巡る行政への相談件数は、2009年度に1,014件であったものが2018年度には7,116件に増加している。

　このうち、サブリースを巡る相談件数も2009年度には266件であったものが2018年度には1,004件に増加しているとのことである。この数字は、行政への相談件数であるが、これ以外にも賃貸住宅の経営者は、弁護士、税理士、司法書士や他の不動産業者等への相談をしているケースもあることを考えると賃貸管理等を巡るトラブルは相当数にのぼっていることが想定される。

> 賃貸住宅は、賃貸住宅志向の高まりや単身世帯の増加、外国人居住者の増加等を背景に、わが国の生活の基盤としての重要性が一層増大

| オーナーの
高齢化 | 相続等に伴う
兼業化の進展 | 管理内容の
高度化等 |

> しかし、管理業務の実施を巡り、管理業者とオーナー・入居者との間でトラブルが増加。サブリース業者については、家賃保証等の契約条件の誤認を原因とするトラブルが多発し社会問題化

6 賃貸住宅管理業法の制定

　こうした背景のもとに賃貸住宅管理業法が成立し、同法第1条はこの法律の目的を以下のように定めている。

法第1条（目的）

　この法律は、社会経済情勢の変化に伴い国民の生活の基盤としても賃貸住宅の役割の重要性が増大していることに鑑み、賃貸住宅の入居者の安定の確保及び賃貸住宅の賃貸に係る事業の公正かつ円滑な実施を図るため、賃貸住宅管理業を営む者に係る登録制度を設け、その業務の適正な運営を確保するとともに、特定賃貸住宅契約の管理の適正化のための措置を講ずることにより、良好な居住環境を備えた賃貸住宅の安定的な確保を図り、もって国民生活の安定向上及び国民経済の発展に寄与することを目的とする。

第1条を見ると、バブル経済崩壊以降のわが国の社会経済情勢の変化に伴い、賃貸住宅に対する位置付けが変化し、その重要性が増しているなかで、自主管理の割合が減少し、賃貸管理を業者に委託するケースが81％にも達するなど、賃貸人と賃貸管理業者等の間のトラブルが多く発生している状況にあることから、賃貸住宅管理等について一定の規制を設けることとしたのが賃貸住宅管理業法であることがわかる。

　第1条には、「賃貸住宅管理業を営む者に係る登録制度」を設け、「特定賃貸住宅契約の管理の適正化のための措置」を講ずる、と定められている。「賃貸住宅管理業」とは、賃貸住宅の賃貸人から委託を受けて賃貸管理業務を営む業者をいうが、「特定賃貸住宅契約」とは、後述のとおり、サブリースのうちのマスターリース契約を指すものである。

賃貸住宅管理業法の対象となる取引形態

【受託管理方式】＝賃貸管理業者

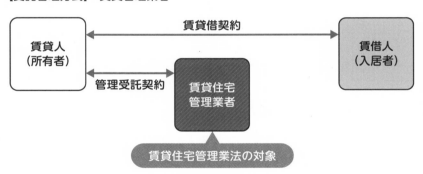

【サブリース方式】＝サブリース業者

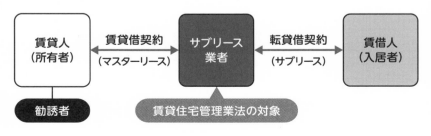

　要するに、賃貸住宅管理業法は、ひとつには賃貸住宅の委託管理についての規制と、2つにはマスターリース契約について規定した法律である。

　なぜ、賃貸住宅管理業法を制定して、賃貸住宅の管理とマスターリース契約についての規定を設けたかといえば、賃貸住宅の役割が増大し、賃貸管理業者等による管理が8割を超えている状況の下で、賃貸住宅管理業とサブリース業においては、オーナーとの間でトラブルが生じることが少なくないからである。

　したがって、賃貸住宅管理業法の適用を受ける対象は、以下のようになる（各制度の内容については、後ほど詳述する）。

> **管理戸数200戸以上の
> 賃貸住宅管理業者**
>
> ☑ 賃貸住宅管理業に係る登録制度の創設

> **特定転貸事業者・勧誘者**
> （＝サブリース業者）
>
> ☑ 不当勧誘行為・誇大広告等の禁止
> ☑ 特定賃貸借契約締結前の重要事項
> 　説明の義務化

　したがって、この法律を正しく理解し、適正に運用していくためには、これまでに、オーナーと賃貸住宅管理業者、サブリース業者との間で、それぞれ、どのようなトラブルが生じていたかを認識しておく必要がある。

第3節 | 賃貸管理業務等に関するトラブル

■1 家賃がオーナーの口座に入金されない

　賃貸管理業者（以下、「管理業者」ともいう）が、家賃の収納代行業務を行いながら、定期に入金されるはずの家賃が期日にオーナーの金融機関口座に入金されないといったトラブルが見られることがある。もともと賃貸管理業界は資金繰りが安定しているはずの業界である。毎月管理手数料が安定的に入金されるし、毎月の出費もある程度決まっている。経費も設備投資に巨額がかかるわけではなく、在庫を抱える必要のない業界である。それにもかかわらず、管理業者が定期に家賃をオーナーに入金できないとすれば、賃貸管理業以外に営んでいるその他の事業の資金繰りによるところが大きい。賃貸管理業者が、賃貸管理に伴う入出金について分別管理を実行していれば、このような事態は生じないはずである。賃貸住宅管理業法では、賃貸住宅管理業者に対して、金銭管理については分別管理等を行うことを求めるものとしている。

■2 管理の状況が不明である

　オーナーの中には、管理業者に賃貸管理業務を委託したが、管理業者からは家賃の入金の際に、賃借人と家賃の一覧表が送られるだけで、それ以外には、どのような管理をしているのか、何も報告がないためにさっぱりわからないとの不信を抱くというケースもある。

---

❶ 修繕に関する報告がなされていない

　賃貸物件の修繕についても、どのような状況で、修繕が本当に必要であったのか、修繕費用が妥当なものであったのか、何もわからず修繕費用だけを請求されたとの不満を持つというケースがある。

❷ 原状回復に関する報告がなされていない

　賃借人との間の借家契約が終了し、敷金を精算しているが、原状回復について、どことどこがどのような状態だったのかについての報告がないため、さっぱりわからないという不信感を持つケースもある。

　これらは、賃貸管理業者が、業務の遂行状況についての報告を行っていないことから生ずるトラブルである。賃貸住宅管理業法では、賃貸住宅管理業者に、業務についての定期報告を行うことを求めている。

---

❸管理契約終了時の精算に関するトラブル

　管理契約が終了した際には、賃貸管理業者が、最後に収納した家賃を賃貸人口座に入金し、敷金等を預かっている場合はその精算、賃貸住宅の鍵を預かっている場合には鍵の返還等が行われることになるが、こうした精算業務が適正に行われない場合がある。

　賃貸の仲介業務は宅地建物取引業に該当し、宅地建物取引業者でなければ行うことができないが、賃貸管理業については、これまで法律の根拠がなく、許認可事業や登録事業の対象ではなかったため、誰でも格別の資格を有することなく営むことが可能であった。賃貸住宅管理業法は、この法律の定める「賃貸住宅管理業」を営もうとするときには、賃貸住宅管理業者の登録をしていなければならないとする等、賃貸住宅管理業についての一定の規制を設けたものである。

受託管理契約におけるトラブル
❶ 家賃の入金がきちんと行われない
❷ 管理状況の報告がなされない
❸ 財産的基礎の不足した者による業務遂行　等

　➡ オーナーの損害発生と
　　管理業者に対する信頼の低下

　結局のところ、賃貸住宅管理業法は、賃貸住宅の入居者の安定の確保及び賃貸住宅の賃貸に係る事業の公正かつ円滑な実施を図るため、以下の❶及び❷の措置を講ずることにより、良好な居住環境を備えた賃貸住宅の安定的な確保を図り、もって国民生活の安定向上及び国民経済の発展に寄与することを目的として制定されたものである。

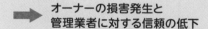

❶　賃貸住宅管理業を営む者に係る登録制度を設け、その業務の適正な運営を確保する措置
❷　サブリース契約の管理の適正化のための措置

第4節｜賃貸住宅管理業務に関する用語の定義

> **法第2条（定義）**
>
> 　この法律において「賃貸住宅」とは、賃貸の用に供する住宅（人の居住の用に供する家屋又は家屋の部分をいう。次項第一号において同じ。）をいう。ただし、人の生活の本拠として使用する目的以外の目的に供されていると認められるものとして国土交通省令で定めるものを除く。
> 2　この法律において「賃貸住宅管理業」とは、賃貸住宅の賃貸人から委託を受けて、次に掲げる業務（以下「管理業務」という。）を行う事業をいう。
> 一　当該委託に係る賃貸住宅の維持保全（住宅の居室及びその他の部分について、点検、清掃その他の維持を行い、及び必要な修繕を行うことをいう。以下同じ。）を行う業務（賃貸住宅の賃貸人のために当該維持保全に係る契約の締結の媒介、取次ぎ又は代理を行う業務を含む。）
> 二　当該賃貸住宅に係る家賃、敷金、共益費その他の金銭の管理を行う業務（前号に掲げる業務と併せて行うものに限る。）
> 3　この法律において「賃貸住宅管理業者」とは、次条第1項の登録を受けて賃貸住宅管理業を営む者をいう。

　賃貸住宅管理業法では、「賃貸住宅」の賃貸人から「委託を受けて」「管理業務」を行う事業を「賃貸住宅管理業」と定義し、「賃貸住宅管理業者」は国土交通大臣の登録を受ける義務があるとされた。

　したがって、法律を正確に理解し、正しく運用するためには、最低限、「賃貸住宅」「委託を受けて」「賃貸住宅管理業」「賃貸住宅管理業者」とは何か、賃貸住宅管理業法では、どのように定義されているかを正確に認識する必要がある。

1 賃貸住宅

「賃貸住宅」とは、

> 　賃貸の用に供する住宅（人の居住の用に供する家屋又は家屋の部分）をいう。ただし、人の生活の本拠として使用する目的以外の目的に供されているものとして国土交通省令で定めるものを除く。

⑴　「家屋」

　ここでいう「家屋」とはアパート1棟、戸建て建物1棟等をいい、また「家屋の部分」とはアパートやマンションの一室といった家屋の一部をい

う。いずれも「賃貸の用に供する」ことを要件としている。

　「賃貸の用に供する」とは、賃貸特約を締結して使用収益させることをいう。

(2)　「住宅」

　「住宅」とは、「人の居住の用に供する」ことが要件とされているため、オフィス、商業施設、事業用物件等（倉庫等を含む）は該当しない。

POINT　ウィークリーマンション等

国土交通省令によれば、旅館業法の規定による許可に係る施設である住宅は除外されている。したがって、「ウィークリーマンション」はそれが旅館業法第3条第1項の規定による許可を受け、旅館業として人を宿泊させている場合は、賃貸住宅管理業法の「賃貸住宅」には該当しない。しかし、ウィークリーマンション等が定期建物賃貸借契約として供給されている場合は、住宅についての賃貸借契約に基づくものであるから賃貸住宅管理業法の対象となる「賃貸住宅」に該当すると解釈することになる。この点については、「解釈・運用の考え方第2条1項2(2)」で、「いわゆるマンスリーマンションなど、利用者の滞在期間が長期に及ぶなど生活の本拠として使用される(注) ことが予定されている、施設の衛生上の維持管理責任が利用者にあるなど、当該施設が旅館業法に基づく営業を行っていない場合には、本法の賃貸住宅に該当することとなる。」と示している。

　　(注)　国土交通省の見解では、「1か月」という目安があり、例えば、ウィクリーマンションであっても継続的に宿泊し1か月を超えるような場合は「利用者の滞在期間が長期に及ぶなど生活の本拠として使用される」に該当する。

---

(3)　適用除外

　国土交通省令で「賃貸住宅」から除外されているのは下記のものである。

人の生活の本拠として使用する目的以外の目的に供されていると認められ、「賃貸住宅」に該当しないものとして国土交通省令で定めるもの

❶旅館業法の規定による許可に係る施設である住宅（規則第1条第一号）
❷国家戦略特別区域法の認定住宅のうち、認定事業の用に供されているもの（規則第1条第二号）
❸住宅宿泊事業法の届出住宅のうち、住宅宿泊事業の用に供されているもの（規則第1条第三号）

---

2 賃貸住宅管理業

「賃貸住宅管理業」とは、

> 賃貸住宅の賃貸人から委託を受けて、下記ア．及びイ．の「管理業務」を行う事業をいう。

ア．管理委託に係る賃貸住宅の「維持保全を行う業務」

> 居室及び居室の使用と密接な関係にある住宅のその他の部分である、玄関・通路・階段等の共用部分、居室内外の電気設備・水道設備、エレベーター等の設備等について、点検・清掃等の維持を行い、これら点検等の結果を踏まえた必要な修繕を一貫して行うこと（賃貸住宅の賃貸人のために当該維持保全に係る契約の締結の媒介、取次ぎ又は代理を行う業務を含む）。

イ．賃貸住宅に係る家賃、敷金、共益費その他の「金銭の管理を行う業務」

> ただし、上記ア．の業務と併せて行うものに限る。

3 管理業務

「管理業務」とは、

> 賃貸事業の対象物件である「居室」と、入居者が日常生活を営む上において使用する廊下その他の共用部分を中心として、これに付随する設備等を含めた賃貸住宅について、求められる「維持保全業務」と家賃等の受領等の「金銭管理業務」をいう。

　「管理業務」とは、❶維持保全業務と❷金銭管理業務を行うことである。したがって、「維持保全業務」と「金銭管理」の内容がわかれば、「管理業務」の内容がわかるということである。

4 維持保全業務

「維持保全業務」とは、

> 「賃貸住宅の維持保全を行う業務」とは、居室と、居室の使用に密接な関係にある住宅の玄関、廊下、階段等の共用部分や居室内の電気設備、水道設備、エレベーター等の設備について点検、清掃等の維持を行い、点検等の結果を踏まえ必要な修繕を一貫して行う業務（賃貸住宅の賃貸人のために当該維持保全に係る契約の締結の媒介、取次ぎ又は代理を行う業務を含む）。

維持保全業務の内容は、賃貸住宅の上記の各設備等について、

❶　点検、清掃等の維持を行うこと
❷　点検した結果に基づき必要な修繕を一貫して行うこと

をいい、賃貸人のために、維持保全業務にかかる契約の締結の媒介、取次又は代理を行う業務も含まれる。

ただし、❶と❷のどちらか一方のみを行う場合は、維持保全業務にはあたらない。また、あくまで、<u>委託を受けて維持保全業務を行う場合</u>でなければ、「賃貸住宅管理業務」には該当しない。

> ＜維持保全業務に該当しない例＞
> ☑ 定期清掃業者、リフォーム工事業者等が、維持又は修繕の「いずれか一方のみ」を行う場合
> ☑ エレベーターの保守点検・修繕を行う事業者等が、賃貸住宅の「部分のみ」について維持から修繕までを一貫して行う場合
> ☑ 入居者からの苦情対応のみを行い維持及び修繕（維持・修繕業者への発注等を含む。）を行っていない場合

5 金銭管理を行う業務

「金銭管理を行う業務」とは、

> 賃借人から受領した家賃、敷金、共益費等の金銭の管理をいう。

☑ 金銭の管理を行う業務については、賃貸住宅のオーナーから委託を受けて当該委託にかかる賃貸住宅の維持保全業務を行うことと<u>併せて行うものに限って</u>「賃貸住宅管理業」に該当するとされていることに注意。

6 賃貸住宅管理業者

「賃貸住宅管理業者」とは、

> 前記2の「賃貸管理業」(維持保全業務と金銭管理の両方を行う業務)を営む者のうち、管理戸数が200戸以上の業者は賃貸管理業者の登録を受ける義務があり、登録を受けて賃貸住宅管理業を営む者を「賃貸住宅管理業者」という。

「賃貸住宅管理業」及び「賃貸住宅管理業者」の概念は、賃貸住宅管理業法の仕組みを理解するうえでキーポイントとなるものである。

(1) 登録の義務付けの対象

「賃貸住宅管理業」の定義に該当する業務を営む場合に、「賃貸住宅管理業者」として、賃貸住宅管理業法上の登録が義務付けられる。

(2) 4つの措置の義務付け

賃貸住宅管理業法に基づく登録業者は、❶「業務管理者」の配置、❷管理受託契約締結前の重要事項説明、❸財産の分別管理、❹定期報告について義務付けがなされる。この4つの措置を通じて、賃貸住宅管理業の適正化を図るもので、いずれも重要なポイントである。

(3) 業務処理の原則

賃貸住宅管理業法は、登録業者に対し、❶名義貸しの禁止や、❷管理受託

契約締結時の書面の交付、❸再委託の禁止、❹証明書の携帯、❺帳簿の備え付け、❻標識の表示、❼秘密の保持等の業務処理の原則を定めている。

7 経過措置

(1)　賃貸住宅管理業法施行の時点において、現に賃貸住宅管理業を営んでいる者は、この**法律施行の日（令和3年6月15日）から起算して1年間**は、賃貸住宅管理業法第3条第1項（賃貸住宅管理業者の登録の義務）の規定にかかわらず、**賃貸住宅管理業を営むことができる**。

(2)　その者がその期間内に登録の申請をした場合に、登録又は登録拒否の判断がなされる前に上記1年間の期間を経過したときは、登録又は登録拒否の処分がなされるまでの間は賃貸住宅管理業を営むことができる（附則第2条第1項）

(3)　この経過措置によって賃貸住宅管理業を営むことができる場合においては、その者を賃貸住宅管理業者とし、その営業所又は事務所を代表する者又はこれに準ずる地位にある者を業務管理者とみなして、賃貸住宅管理業法に定める、業務処理の原則（賃貸住宅管理業法第10条）や、名義貸しの禁止（同法第11条）、業務管理者の選任（同法第12条）、各種の遵守事項（同法第13条～第21条）、業務改善命令（同法第22条）、監督処分（同法第23条第1項～第3項、第25条～第27条）が適用される（附則第2条第2項）。

　　ただし、管理受託契約の締結時の書面の交付の規定（同法第14条）及び定期報告の規定（同法第20条）は、この法律の施行前に締結された管理受託契約については適用しない（附則第3条第1項）。

第2章　賃貸住宅管理業登録制度

第1節｜制度の概要

❶賃貸住宅管理業者の登録義務

法第3条（登録）

　　賃貸住宅管理業を営もうとする者は、国土交通大臣の登録を受けなければならない。ただし、その事業の規模が、当該事業に係る賃貸住宅の戸数その他の事項を勘案して国土交通省令で定める規模未満であるときは、この限りでない。
2　前項の登録は、5年ごとにその更新を受けなければ、その期間の経過によって、その効力を失う。
3　前項の更新の申請があった場合において、同項の期間（以下この項及び次項において「登録の有効期間」という。）の満了の日までにその申請に対する処分がされないときは、従前の登録は、登録の有効期間の満了後もその処分がされるまでの間は、なおその効力を有する。
4　前項の場合において、登録の更新がされたときは、その登録の有効期間は、従前の登録の有効期間の満了の日の翌日から起算するものとする。
5　第2項の登録の更新を受けようとする者は、実費を勘案して政令で定める額の手数料を納めなければならない。

POINT　1｜管理戸数200戸以上の業者に登録を義務付け

オーナーから委託を受けて「賃貸住宅管理業務」を営もうとする者（ただし、管理戸数が200戸以上）については国土交通大臣の登録を義務付けた。

POINT　2｜管理戸数200戸未満の業者は登録は任意

管理戸数が200戸未満の小規模業者も登録が受けられないわけではない。社会的信用力を確保するためには登録を受けることが望ましい。このため、管理戸数が200戸未満の小規模業者も賃貸住宅管理業につき任意登録を受けることができる。ただし、登録を受けた場合は、賃貸住宅管理業法が定める各種規制の対象となることに注意！

POINT 3 特例措置

賃貸住宅管理業法の施行により、従来の大臣告示に基づく「賃貸住宅管理業者登録制度」（告示による任意登録の制度。以下「告示制度」という）は、賃貸住宅管理業法の施行日をもって廃止される。これまで任意登録を受けてきた賃貸管理業者については、賃貸住宅管理業法に基づく業者登録に際し、一定期間告示制度に基づく適正な運用を行ってきた実績等を配慮し、令和2年6月30日までに大臣告示に基づく登録を受けた事業者については、更新の回数に2を加えた数を記載して登録を行うこととされている。

2 賃貸住宅管理業法に基づく「賃貸住宅管理業の登録」と国土交通大臣告示に基づく「賃貸住宅管理業者登録制度」の相違

わが国においては、2011年から、国土交通大臣告示に基づく「賃貸住宅管理業者登録制度」が設けられているが、賃貸住宅管理業法に基づく「賃貸住宅管理業の登録」とは大きく異なるものである点に留意する必要がある。

(1) 国土交通大臣告示に基づく「賃貸住宅管理業者登録制度」

(1)-1 賃貸管理業については、これまで所管する法律が存在しなかった

賃貸借の仲介業務は宅地建物取引業に該当するので（宅地建物取引業法第2条第二号）、国土交通大臣又は都道府県知事の免許を受けなければ業として営むことができないが、賃貸管理については宅地建物取引業法に該当せず、賃貸住宅管理業法が制定されるまでは、賃貸住宅管理業務を所管する法律が存在していなかったことから、格別の免許や登録を受けなくても業として営むことが可能であった。

(1)-2 従来の国土交通大臣告示に基づく「賃貸住宅管理業者登録制度」は任意の登録制度

賃貸管理業については所管する法律が存在していなかったが、従来の国土交通大臣告示に基づく「賃貸住宅管理業者登録制度」は国土交通省により2011年に創設された賃貸住宅の管理業務を適正化するための任意の登録制度であった。

⑴-3 従来の登録制度では、登録を受けない業者も賃貸管理を営むことが可能

「賃貸住宅管理業者登録制度」は任意の登録であるから、賃貸住宅の管理業を行う事業者は登録する義務は課せられていなかった。したがって、賃貸住宅の管理業は「賃貸住宅管理業者登録制度」については無登録の業者でも営むことが可能であった。

⑴-4 従来の登録制度に伴い登録規定や業務処理準則が規定され、違反に対しては指導・助言・勧告等を行うものとされていた

登録制度を管轄する国土交通省は、管理業者が登録規定や業務処理準則に違反し、貸主・借主に対して損害を与えた場合は、必要な指導・助言・勧告を行うものとされ、会社名の公表等の措置が考えられていた。

⑵ 賃貸住宅管理業法に基づく「賃貸住宅管理業の登録」

賃貸住宅管理業法に基づき新たに定められた「賃貸住宅管理業の登録」は、従来の賃貸住宅管理業登録とは抜本的に異なるものである。その相違点は以下のとおりである。

⑵-1 登録は法的義務

賃貸住宅管理業法に基づく「賃貸住宅管理業の登録」は従来の国土交通大臣告示による「賃貸住宅管理業者登録制度」とは異なり、登録が法的に義務付けられたものである。

⑵-2 無登録業者の賃貸住宅管理業の禁止

賃貸住宅管理業の登録が法的に義務付けられたということは、無登録業者は管理戸数が200戸未満である場合を除き、賃貸住宅管理業を営むことができなくなったということである。管理戸数200戸未満を除き無登録業者の賃貸住宅管理業が禁止された点は、任意登録制度であった従来のものと大きく異なる点である。

なお、賃貸住宅管理業法は、賃貸住宅管理業とサブリースを対象とすると述べたが、サブリース業者である特定転貸業者はサブリース業を営む上で賃

貸住宅管理業者登録を受ける必要があるわけではない。登録制度は、あくまで賃貸住宅管理業（管理戸数200戸以上）に対するものである。もっとも、特定転貸事業者が、同時に賃貸住宅管理業をも営む場合には、賃貸住宅管理業者として登録を受ける必要がある。

⑵－3　免許ではなく登録であるが、登録拒否事由が定められている

　賃貸住宅管理業法に基づく「賃貸住宅管理業の登録」は、宅地建物取引業のように免許制を採用するものではなく、登録制度である。したがって、届出をすれば賃貸管理業を営むことができるのが原則であるが、賃貸住宅管理業法第6条は、賃貸住宅管理業者として登録を受けようとする場合の欠格要件（登録拒否事由）を規定している。賃貸住宅管理業者が、登録の届出の申請をしても、後述の欠格要件に該当すれば登録を拒否され、賃貸住宅管理業を営むことができない点に注意されたい。

従来の国土交通大臣告示による 「賃貸住宅管理業者登録制度」	賃貸住宅管理業法に基づく 「賃貸住宅管理業の登録」
登録は任意 （※無登録でも営むことが可能）	登録が法的に義務付け（原則として無登録業者の賃貸住宅管理業の禁止） ☑ 欠格要件（登録拒否事由）の規定有
違反に対しては指導・助言・勧告等を行う	違反に対しては、命令や罰則として懲役や罰金、過料の制裁

③ 賃貸住宅管理業者の業務に関する義務付け

賃貸住宅管理業法に基づく登録業者は、

---

❶ 「業務管理者」の配置
❷ 管理受託契約締結前の重要事項説明
❸ 財産の分別管理
❹ 定期報告

について、義務付けがなされている。

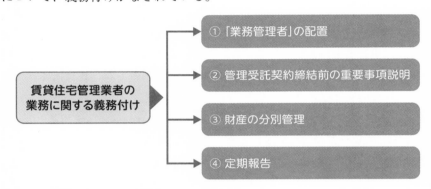

(1) 「業務管理者」の配置義務

営業所又は事務所ごとに、賃貸住宅管理の知識・経験を有する者を配置しなければならない。

(2) 管理受託契約締結前の重要事項説明義務

具体的な管理業務の内容や管理業務の実施方法について書面を交付して説明しなければならない。

(3) 財産の分別管理

管理する家賃等について、自己の固有財産等と分別して管理しなければならない。

(4)　定期報告

業務の実施状況等について、管理受託契約の相手方（オーナー）に対し定期的に報告しなければならない。

４登録業者に対する賃貸住宅管理業法の業務規制

賃貸住宅管理業法においては、登録業者に対し、後述の業務処理の原則を定めている。

❶　名義貸しの禁止
❷　業務管理者の選任
❸　管理受託契約の締結前の重要事項説明
❹　管理受託契約締結時の書面の交付
❺　再委託の禁止
❻　財産の分別管理
❼　証明書の携帯
❽　帳簿の備え付け
❾　標識の表示
❿　定期報告
⓫　秘密の保持

５賃貸住宅管理業法は登録業者に対する監督として、命令、公告、罰則として懲役若しくは罰金又はこれを併科することとした

賃貸住宅管理業法に基づく賃貸住宅管理業の登録制では、従前の任意登録制度とは異なり、違反に対しては、命令や罰則として懲役や罰金、過料の制裁を課することが認められ、監督権限がより一層強化されている。

第2節｜賃貸住宅管理業の登録制度の内容

■1 賃貸住宅管理業の登録

　賃貸住宅管理業を営もうとする者は、国土交通大臣の登録を受けなければならない。この登録について定めているのが、賃貸住宅管理業法第3条である。

> **法第3条（登録）**
>
> 　　賃貸住宅管理業を営もうとする者は、国土交通大臣の登録を受けなければならない。ただし、その事業の規模が、当該事業に係る賃貸住宅の戸数その他の事項を勘案して国土交通省令で定める規模未満であるときは、この限りでない。
> 2　前項の登録は、5年ごとにその更新を受けなければ、その期間の経過によって、その効力を失う。
> 3　前項の更新の申請があった場合において、同項の期間（以下この項及び次項において「登録の有効期間」という。）の満了の日までにその申請に対する処分がされないときは、従前の登録は、登録の有効期間の満了後もその処分がされるまでの間は、なおその効力を有する。
> 4　前項の場合において、登録の更新がされたときは、その登録の有効期間は、従前の登録の有効期間の満了の日の翌日から起算するものとする。
> 5　第2項の登録の更新を受けようとする者は、実費を勘案して政令で定める額の手数料を納めなければならない。

(1)　登録を要する事業の規模

> (1)-1　国土交通省令で定める事業規模

　賃貸住宅管理業法第3条第1項の国土交通省令で定める規模は、賃貸管理に係る賃貸住宅の戸数が200戸であることとする。

> (1)-2　地方整備局による戸数の確認

　登録申請事務を処理するのは地方整備局である。地方整備局は、戸数については賃貸住宅管理業者が登録申請をし、又は更新の申請をする際に提出を求める書類により確認する。

　実務上は、登録申請の際に「業務等の状況に関する書面」を提出するが、同書面に、<u>申請日時点で契約中の管理戸数と契約件数を記載</u>する。

　なお、添付資料には付随資料として、全管理物件の名称及び住所と管理物件ごとの戸数を記載した一覧表の電子データか書面を提出することが必要となる。

登録を要する事業の規模

賃貸住宅の戸数200戸以上

地方整備局による戸数の確認（登録申請・更新申請の際の「業務等の状況に関する書面」で確認）

(1)-3　戸数の数え方

　入居者との間で締結されることが想定される賃貸借契約の数をベースとして数えることとなる。

　賃貸アパートでは戸数を数えるのは容易であるが、シェアハウス等を管理する場合の戸数の数え方は迷う場合もあり得ると思われる。

　1棟の家屋において、入居者が共同で利用する浴室、台所、トイレ等を有するシェアハウス1棟を管理する業者の管理戸数は、当該シェアハウスが12部屋で構成され、そのうち入居者が使用している部屋が5部屋、残りの7部屋が空室となっている場合、この管理業者の管理戸数は何戸か？

　「入居者との間で締結されることが想定される賃貸借契約の数」をベースとするのであるから、12戸である。

法第4条（登録の申請）

　　前条第1項の登録（同条第2項の登録の更新を含む。以下同じ。）を受けようとする者は、次に掲げる事項を記載した申請書を国土交通大臣に提出しなければならない。
一　商号、名称又は氏名及び住所
二　法人である場合においては、その役員の氏名
三　未成年者である場合においては、その法定代理人の氏名及び住所（法定代理人が法人である場合にあっては、その商号又は名称及び住所並びにその役員の氏名）
四　営業所又は事務所の名称及び所在地
2　前項の申請書には、前条第1項の登録を受けようとする者が第6条第1項各号のいずれにも該当しないことを誓約する書面その他の国土交通省令で定める書類を添付しなければならない。

法第5条（登録の実施）

　　国土交通大臣は、前条第1項の規定による登録の申請があったときは、次条第1項の規定により登録を拒否する場合を除き、次に掲げる事項を賃貸住宅管理業者登録簿に登録しなければならない。
一　前条第1項各号に掲げる事項
二　登録年月日及び登録番号
2　国土交通大臣は、前項の規定による登録をしたときは、遅滞なく、その旨を申請者に通知しなければならない。

2 賃貸住宅管理業者登録簿への登録

(1)　登録簿への搭載

　賃貸住宅管理業者の登録を完了すると、登録簿に記載されることになる。

　登録簿の記載事項は、❶登録番号、❷登録年月日、❸商号、❹名称又は氏名及び住所、❺（法人の場合は）役員の氏名、法定代理人（法人の場合は商号又は名称及び住所並びにその役員の氏名）、❻営業所又は事務所の名称及び所在地である。

⑵　登録の有効期間

　登録の有効期間は5年間である。5年ごとに更新を受けなければ、その期間の経過によってその効力を失う（賃貸住宅管理業法第3条第2項）。

⑶　登録に要する費用

　登録費用は9万円で5年ごとに更新が必要となる。

　更新の際の費用は1万8,700円（オンラインにより登録の更新の申請を行う場合は1万8,000円）。

⑷　無登録営業

　登録を受けずに賃貸住宅管理業を営んだ者は1年以下の懲役若しくは100万円以下の罰金又はこれを併科される（賃貸住宅管理業法第41条第1号）。

　ただし、管理戸数が200戸未満であるものはこの限りではない。

⑸　賃貸住宅管理業者名簿の閲覧

法第8条（賃貸住宅管理業者登録簿の閲覧）
国土交通大臣は、賃貸住宅管理業者登録簿を一般の閲覧に供しなければならない。

　国土交通省のホームページの「建設業者・宅建業者等企業情報検索システム」において、登録された賃貸住宅管理業者を閲覧できる。

(6) 登録申請書の添付書類

規則第７条（法人の場合）
(一) 定款又は寄付行為 (二) 登記事項証明書 (三) 法人税の直前の１年の各年度における納付すべき額及び納付済額を証する書面 (四) 役員が破産手続開始の決定を受けて復権を得ない者に該当しない旨の市区町村の長の証明書 (五) 役員並びに相談役及び顧問の履歴を記載した書面 (六) 相談役及び顧問の氏名及び住所並びに発行済株式総数の100分の５以上の株式を有する株主又は出資の額の100分の５以上の額に相当する出資をしている者の氏名又は名称、住所及びその有する株式の数又はその者のなした出資の金額を記載した書面 (七) 最近の事業年度における貸借対照表及び損益計算書 (八) 業務等の状況に関する書面 (九) 業務管理者の配置状況 (十) 別記様式第六号による法第６条第１項第二号から第四号まで、第六号及び第八号から第十一号までのいずれにも該当しないことを誓約する書面 (十一) その他必要と認める書類（管理物件一覧表等） (十二) 返信用封筒
規則第７条（個人の場合）
(一) 所得税の直前１年の各年度における納付すべき額及び納付済み額を証する書面 (二) 登記申請者が破産手続開始の決定を受けて復権を得ない者に該当しない旨の市区町村の長の証明書 (三) 別記様式第二号による登録申請者の略歴を記載した書面 (四) 営業に関し成年者と同一の行為能力を有しない未成年者であって、その法定代理人が法人である場合においては、その法定代理人の登記事項証明書 (五) 別記様式第七号による財産に関する調書 (六) 業務等の状況に関する書面 (七) 業務管理者の配置状況 (八) 別記様式第八号による法第６条第１項第一号から第七号まで、第九号から第十一号までのいずれにも該当しないことを誓約する書面 (九) 本人確認書類 (十) その他必要と認める書類（管理物件一覧表等） (十一) 返信用封筒

(7)　登録拒否事由

法第6条（登録の拒否）

　　国土交通大臣は、第3条第1項の登録を受けようとする者が次の各号のいずれかに該当するとき、又は第4条第1項の申請書若しくはその添付書類のうちに重要な事項について虚偽の記載があり、若しくは重要な事実の記載が欠けているときは、その登録を拒否しなければならない。
一　心身の故障により賃貸住宅管理業を的確に遂行することができない者として国土交通省令で定めるもの
二　破産手続開始の決定を受けて復権を得ない者
三　第23条第1項又は第2項の規定により登録を取り消され、その取消しの日から5年を経過しない者（当該登録を取り消された者が法人である場合にあっては、当該取消しの日前30日以内に当該法人の役員であった者で当該取消しの日から5年を経過しないものを含む。）
四　禁錮以上の刑に処せられ、又はこの法律の規定により罰金の刑に処せられ、その執行を終わり、又は執行を受けることがなくなった日から起算して5年を経過しない者
五　暴力団員による不当な行為の防止等に関する法律（平成3年法律第77号）第2条第六号に規定する暴力団員又は同号に規定する暴力団員でなくなった日から5年を経過しない者（第九号において「暴力団員等」という。）
六　賃貸住宅管理業に関し不正又は不誠実な行為をするおそれがあると認めるに足りる相当の理由がある者として国土交通省令で定めるもの
七　営業に関し成年者と同一の行為能力を有しない未成年者でその法定代理人が前各号のいずれかに該当するもの
八　法人であって、その役員のうちに第一号から第六号までのいずれかに該当する者があるもの
九　暴力団員等がその事業活動を支配する者
十　賃貸住宅管理業を遂行するために必要と認められる国土交通省令で定める基準に適合する財産的基礎を有しない者
十一　営業所又は事務所ごとに第12条の規定による業務管理者を確実に選任すると認められない者
2　国土交通大臣は、前項の規定により登録を拒否したときは、遅滞なく、その理由を示して、その旨を申請者に通知しなければならない。

　＜登録拒否の典型的な事例＞は、ひとつには、登録を受けようとする者の営業所又は事務所の数に足りるだけの要件を備えた業務管理者を確認できないような場合、2つには、登録の申請日を含む事業年度の前年度の財産及び収益の状況が良好とはいえず、負債の合計額が資産の合計額を超過して支払い不能と認められる場合などであろう。

第6号の「不正又は不誠実な行為をするおそれがあると認めるに足りる相当の理由」とは何か？

 賃貸住宅管理業法第23条第1項により取消事由があるとして聴聞の通知を受けた場合に、取消しをされる前に当該法人を解散したり、廃業届をすることにより、取消しを免れた者が、改めて登録申請をしたような場合がこれに該当する。

したがって、取消事由があるとして聴聞の通知を受けた場合に、結論が出る前に法人を解散させたり、廃業することによって、その場をしのぎ、別法人を立ち上げて、再度、登録を受けるということは認められないということになる。

POINT	1	以下に該当する者は登録を行うことができないことになる

① 賃貸住宅管理業法第23条第1項各号に定める取消事由に該当するとして登録の取消しの処分に係る聴聞の通知を受けてから、当該処分をする日又は処分をしないことの決定をするまでの間に、法人の解散届出又は廃業の届出を行った者で、当該届出から5年を経過していない者
② 上記の期間内に、法人の合併による消滅の届出、法人の解散の届出、又は廃業の届出を行った法人の役員

 第10号の「財産的基礎を有しない者」とは何か？

 法第6条第10号に定める『国土交通省令で定める基準に適合する財産的基礎』とは、規則第10条では「登録の申請日を含む事業年度の前事業年度における財産及び損益の状況が良好であることとする」と定めており、具体的には、登録申請日を含む事業年度の前事業年度において、負債の合計額が資産の合計額を超えておらず、かつ、支払い不能に陥っていない状態をいう。

POINT 2／以下のような場合は、登録要件を満たすものと解される

申請の時点では、負債の合計額が資産の合計額を超えている場合でも、登録申請日を含む事業年度の直前2年の各事業年度において、当期純利益が生じており、十分な資力を有する代表者からの「代表者借入金」を控除した負債の合計額が資産の合計額を超えていない場合など、負債の合計額が資産の合計額を超えていないことと同等又は同等となることが相応に見込まれる場合は、登録要件を満たすものと解されている（「解釈・運用の考え方」第6条第10号関係）。

(8) 変更及び廃業の届出

　賃貸住宅管理業者は、登録事項に変更があった場合や廃業等の場合には、30日以内に国土交通大臣にその旨を届け出る必要がある。

(8)－1　変更の届出

法第7条（変更の届出）

　賃貸住宅管理業者は、第4条第1項各号に掲げる事項に変更があったときは、その日から30日以内に、その旨を国土交通大臣に届け出なければならない。
2　国土交通大臣は、前項の規定による届出を受理したときは、当該届出に係る事項が前条第1項第7号又は第8号に該当する場合を除き、当該事項を賃貸住宅管理業者登録簿に登録しなければならない。
3　第4条第2項の規定は、第1項の規定による届出について準用する。

　第7条に定める変更の届出を行うには、変更の届出書（規則第11条別記様式第二号参照）のほかに各種の添付書類が必要になる。必要となる添付書類は変更業者が法人の場合と個人の場合とで異なっている。

　具体的には、以下のとおりである。

1．変更業者が法人の場合（必要な添付書類等）

　法人の役員における変更事項について変更に係る事項が法人の役員の氏名であるときには、新しく役員に就任する場合も含むものとする。
(1)　商号又は名称及び住所の変更の場合
　❶　登記事項証明書
　❷　返信用封筒
(2)　法人の役員の就任（変更）の場合

❶ 登記事項証明書

❷ 役員が破産手続開始の決定を受けて復権を得ない者に該当しない旨の市町村（特別区を含む。次号において同じ^(注)。）の長の証明書

❸ 別記様式第二号による役員並びに相談役及び顧問の略歴を記載した書面

❹ 当該役員が法第6条第1項第八号に該当しないことを誓約する書面

(3) 退任（変更）の場合

❶ 登記事項証明書

⑷ 法人の役員の氏名が変更される場合

＜変更後の氏名が商業登記簿に記録されているとき＞

❶ 登記事項証明書

❷ 役員が破産手続開始の決定を受けて復権を得ない者に該当しない旨の市町村（特別区を含む。次号において同じ^(注)。）の長の証明書

❸ 別記様式第二号による役員並びに相談役及び顧問の略歴を記載した書面

❹ 当該役員が法第6条第1項第八号に該当しないことを誓約する書面

＜変更後の氏名が商業登記簿に記録されていないとき＞

　→変更届出そのものが不要

※現在の取締役が監査役に就任（変更）するなど社内で他の役職に就任する場合は「役員が破産手続開始の決定を受けて復権を得ない者に該当しない旨の市町村（特別区を含む。次号において同じ^(注)。）の長の証明書」を省略してもよい

⑸ 主たる営業所又は事務所における所在地の変更及び従たる営業所又は事務所における新設、廃止及び所在地の変更の場合

❶ 登記事項証明書

❷ 業務管理者の配置状況

【必要書類一覧】

❶ 変更届出書（第一面〜第五面）【規則第11条　別記様式第九号】

❷ 登記事項証明書

❸ 役員が破産手続開始の決定を受けて復権を得ない者に該当しない旨の市町村（特別区を含む。次号において同じ^(注)。）の長の証明書

❹ 役員並びに相談役及び顧問の略歴を記載した書面【規則第七条　別記様式第二号】

❺ 法第6条第1項第八号に該当しないことを誓約する書面

❻ 業務管理者の配置状況【規則第7条 別記様式第五号】

	①	②	③	④	⑤	⑥
商号、名称及び住所の変更の場合	○	○				
法人の役員の就任（変更）の場合	○	○	○	○		
退任（変更）の場合	○	○				
法人の役員の氏名が変更される場合						
変更後の氏名が商業登記簿に記載されているとき	○	○	○	○	○	
変更後の氏名が商業登記簿に記載されていないとき	変更届出は不要					
現在の取締役が監査役に就任（変更）するなど社内で他の役職に就任する場合	○	○	省略可	○		
主たる営業所又は事務所における所在地の変更及び従たる営業所又は事務所における新設、廃止及び所在地の変更の場合	○	○				○

（注）「次号において同じ。」とは、「次号の変更業者が個人の場合において同じ。」をいう。

２．変更業者が個人の場合（必要な添付書類等）

⑴　個人の氏名が変更される場合

　　個人の氏名が変更される場合には、戸籍謄（抄）本を添付することとする。

＜法定代理人が法人である場合＞

❶　営業に関し成年者と同一の行為能力を有しない未成年者であって、その法定代理人が法人である場合においては、その法定代理人の登記事項証明書

❷　別記様式第八号による法第６条第１項第一号から第七号まで及び第九号から第十一号までのいずれにも該当しないことを誓約する書面

＜法定代理人が個人である場合＞

❶　登録申請者が破産手続開始の決定を受けて復権を得ない者に該当しない旨の市町村の長の証明書

❷　別記様式第二号による登録申請者の略歴を記載した書面

❸　別記様式第八号による法第６条第一項第一号から第七号まで及び第

九号から第十一号までのいずれにも該当しないことを誓約する書面
(2) 法定代理人（法人）の役員の就任（変更）の場合
❶ 登録申請者が破産手続開始の決定を受けて復権を得ない者に該当しない旨の市町村の長の証明書
❷ 別記様式第二号による登録申請者の略歴を記載した書面
❸ 営業に関し成年者と同一の行為能力を有しない未成年者であって、その法定代理人が法人である場合においては、その法定代理人の登記事項証明書
❹ 当該役員が法第6条第1項第八号に該当しないことを誓約する書面
(3) 退任（変更）の場合
❶ 営業に関し成年者と同一の行為能力を有しない未成年者であって、その法定代理人が法人である場合においては、その法定代理人の登記事項証明書
(4) 法定代理人（法人）の役員の氏名が変更される場合
＜変更後の氏名で商業登記簿に記載されているとき＞
❶ 登録申請者が破産手続開始の決定を受けて復権を得ない者に該当しない旨の市町村の長の証明書
❷ 別記様式第二号による登録申請者の略歴を記載した書面
❸ 営業に関し成年者と同一の行為能力を有しない未成年者であって、その法定代理人が法人である場合においては、その法定代理人の登記事項証明書
❹ 当該役員が法第6条第1項第八号に該当しないことを誓約する書面
変更後の氏名で商業登記簿に記載されていないとき（変更の届出不要）
(5) 主たる営業所又は事務所における所在地の変更及び従たる営業所又は事務所における新設、廃止及び所在地の変更の場合
❶ 登記事項証明書
❷ 業務管理者の配置状況

【必要書類一覧】
❶ 変更届出書（第一面〜第五面）【規則第10条 別記様式第九号】
❷ 登録申請者が破産手続開始の決定を受けて復権を得ない者に該当しない旨の市町村（特別区を含む。次号において同じ^(注)。）の長の証明書
❸ 登録申請者の略歴を記載した書面【規則第7条 別記様式第二号】

❹ 営業に関し成年者と同一の行為能力を有しない未成年者であって、その法定代理人が法人である場合においては、その法定代理人の登記事項証明書

❺ 法第6条第1項第一号から第七号まで及び第九号から第十一号までのいずれにも該当しないことを誓約する書面【規則第7条 別記様式第八号】（法第6条第1項第8号に該当しないことを誓約する書面を含む）

❻ 業務管理者の配置状況【規則第7条 別記様式第五号】

❼ 本人確認書類（戸籍抄本）

	❶	❷	❸	❹	❺	❻	❼
個人の氏名が変更される場合							
代表者	○						○
法定代理人が法人である場合	○			○	○		
法定代理人が個人である場合	○	○	○		○		
法定代理人（法人）の役員の就任（変更）の場合	○	○	○	○	○		
退任（変更）の場合	○			○			
法定代理人（法人）の役員の氏名が変更される場合							
変更後の氏名で商業登記簿に記載されている	○	○	○	○	○		
変更後の氏名で商業登記簿に記載されていない	変更届出不要						
主たる営業所又は事務所における所在地の変更及び従たる営業所又は事務所における新設、廃止及び所在地の変更の場合	○					○	

（注）「次号において同じ。」とは、「次号の変更業者が個人の場合において同じ。」をいう。

出典：国土交通省「賃貸住宅管理業法　制度概要ハンドブック」19頁（変更業者が法人の場合）及び20頁（変更業者が個人の場合）

法第９条（廃業等の届出）

　　賃貸住宅管理業者が次の各号のいずれかに該当することとなったときは、当該各号に定める者は、国土交通省令で定めるところにより、その日（第一号の場合にあっては、その事実を知った日）から30日以内に、その旨を国土交通大臣に届け出なければならない。
一　賃貸住宅管理業者である個人が死亡したとき　その相続人
二　賃貸住宅管理業者である法人が合併により消滅したとき　その法人を代表する役員であった者
三　賃貸住宅管理業者である法人が破産手続開始の決定により解散したとき　その破産管財人
四　賃貸住宅管理業者である法人が合併及び破産手続開始の決定以外の理由により解散したとき　その清算人
五　賃貸住宅管理業を廃止したとき　賃貸住宅管理業者であった個人又は賃貸住宅管理業者であった法人を代表する役員
2　賃貸住宅管理業者が前項各号のいずれかに該当することとなったときは、第３条第１項の登録は、その効力を失う。

　賃貸住宅管理業者が法第９条に定める、**死亡、合併による消滅、会社の解散、賃貸住宅管理業の廃止等の事情が生じた場合**は、これらの事由に該当することとなった日から**30日以内**（ただし、賃貸住宅管理業者である個人が死亡した場合は、その相続人が事実を知った日から30日以内）にその旨を国土交通大臣に届け出なければならない。

　届出を行わなければならないのは、賃貸住宅管理業者である個人が死亡した場合は、その相続人である。

　法人の合併による消滅の場合は、その法人を代表する役員であった者である。合併により存続した法人の代表者が届け出る義務を負うわけではない。

　法人の解散（合併による解散や破産手続き開始にともない解散した場合を除く）の場合は、その清算人が届出を行うことになる。

　破産手続き開始決定により解散した場合は、破産管財人が届出を行う。

　賃貸住宅管理業者が廃業する場合は、賃貸住宅管理業であった個人又はその法人を代表する役員が廃業届を行うことになる。

3 賃貸住宅管理業法による業務に関する規定

賃貸住宅管理業法においては、登録業者に対し、後述の業務処理の原則を定めている。

① 名義貸しの禁止
② 業務管理者の選任
③ 管理受託契約の締結前の重要事項説明
④ 管理受託契約締結時の書面の交付
⑤ 再委託の禁止
⑥ 財産の分別管理
⑦ 証明書の携帯
⑧ 帳簿の備え付け
⑨ 標識の表示
⑩ 定期報告
⑪ 秘密の保持

4 業務処理の原則

法第10条（業務処理の原則）

　賃貸住宅管理業者は、信義を旨とし、誠実にその業務を行わなければならない。

　賃貸住宅管理業者は、賃貸住宅管理業の専門家として、信義誠実の原則に基づいて業務を行うことが求められる。具体的には、賃貸住宅管理業者は、常に賃貸住宅のオーナーや入居者等の視点に立って、賃貸借契約の更新実務や、契約の管路等を行い、紛争の防止に努めるとともに、法第2条第2項第1号の「維持保全」には含まれない賃貸住宅の管理に関する業務を含め、円滑な業務の遂行を図る必要があるとされている。

5 名義貸しの禁止

法第11条（名義貸しの禁止）

　賃貸住宅管理業者は、自己の名義をもって、他人に賃貸住宅管理業を営ませてはならない。

「賃貸住宅管理業者」が他人に名義を借りて、「賃貸住宅管理業」を行わせることは、法律で禁止されている。

6 業務管理者の選任

賃貸住宅管理業者は、従業員が行う賃貸住宅管理業務の質を担保する必要があるため、従業員が行う管理業務等の指導、監督を行うために必要な知識及び能力等、一定の要件を備える者（これを「業務管理者」という。）を、その営業所又は事務所ごとに1人以上選任し、業務管理者に**一定の事項**についての管理及び監督を行わせなければならない。

法第12条（業務管理者の選任）

　賃貸住宅管理業者は、その営業所又は事務所ごとに、1人以上の第4項の規定に適合する者（以下「業務管理者」という。）を選任して、当該営業所又は事務所における業務に関し、管理受託契約（管理業務の委託を受けることを内容とする契約をいう。以下同じ。）の内容の明確性、管理業務として行う賃貸住宅の維持保全の実施方法の妥当性その他の賃貸住宅の入居者の居住の安定及び賃貸住宅の賃貸に係る事業の円滑な実施を確保するため必要な国土交通省令で定める事項についての管理及び監督に関する事務を行わせなければならない。

2　賃貸住宅管理業者は、その営業所若しくは事務所の業務管理者として選任した者の全てが第6条第1項第一号から第七号までのいずれかに該当し、又は選任した者の全てが欠けるに至ったときは、新たに業務管理者を選任するまでの間は、その営業所又は事務所において管理受託契約を締結してはならない。

3　業務管理者は、他の営業所又は事務所の業務管理者となることができない。

4　業務管理者は、第6条第1項第一号から第七号までのいずれにも該当しない者で、賃貸住宅管理業者の営業所又は事務所における業務に関し第1項に規定する事務を行うのに必要な知識及び能力を有する者として賃貸住宅管理業に関する一定の実務の経験その他の国土交通省令で定める要件を備えるものでなければならない。

POINT 1　業務管理者を選任しなければ、賃貸住宅管理を営むことができない

賃貸住宅管理業者は、各営業所又は事務所ごとに業務管理者を選任しなければ、その営業所若しくは事業所において管理受託契約を締結することは禁止されている。
この点は、選任した事業管理者が第6条第1項第一号～第七号（登録拒否事由）に該当した場合も同様である。

POINT 2 業務管理者を選任しても、当該業務管理者が管理・監督できない状態では当該営業所又は事務所での賃貸管理業は禁止

「営業所または事務所ごとに1人以上」と規定されているため、選任した業務管理者が病気で長期入院するような場合も、当該営業所又は事務所は賃貸住宅管理業を営むことができなくなる。

特に、業務管理者は、他の営業所・事務所との兼任は不可であるため、業務管理者の長期入院その他の事由により業務管理者が管理・監督ができなくなる事態も想定したうえで、業務管理者を選任する必要がある。

「営業所又は事務所」とは？

　管理受託契約の締結、維持保全業務、金銭管理業務を行い、継続的に賃貸住宅管理業の営業の拠点となる施設としての実態を有しているものが該当する。

　単に、電話の取次ぎのみを行う施設や、業務に必要な物品等の置き場等の施設は営業所にも事務所にも該当しない。

業務管理者と宅地建物取引士との兼務の可否は？

　業務管理者が宅地建物取引士と兼務することは賃貸住宅管理業法上は禁止されているわけではない。

　ただし、宅地建物取引業法上、専任の宅地建物取引士の場合には、他の業務との兼任は原則的には認められないが、勤務形態により認められる場合もあり、取引士として消費者の依頼などに常に対応できるかどうかが専任性判定の基準となる。

業務管理者が管理・監督しなければならない事項は？

 1．管理受託契約の契約内容の明確性に関する事項

法第13条・14条の規定による説明・書面の交付に関する事項
（第1号、第2号）

書面記載事項の明確性、契約内容の法令への適合性、説明方法
の妥当性等についての指導監督を行わせることとする。

2．業務として行う維持保全の実施方法の妥当性に関する事項

賃貸住宅の維持保全の実施に関する事項（第三号）

管理受託契約に基づき実施する維持保全の実施方法・実施内容
の妥当性、法令への適合性等についての指導監督を行わせるこ
ととする。

3．その他の入居者の居住の安定及び賃貸住宅の賃貸に係る事業の円滑な実施を確保するため必要な事項

❶ 賃貸住宅に係る家賃、敷金、共益費その他の金銭の管理に関する事項（第三号）

家賃、敷金、共益費その他の金銭の管理に関し、受領した家賃等の金銭の賃貸人への送金の処理や経理処理の妥当性、管理方法の法令への適合性（分別管理の方法）等についての指導監督を行わせることとする。

❷ 法第18条の規定による帳簿の備え付け等に関する事項（第四号）

賃貸人と締結した管理受託契約に係る記録・文書の管理・保存状況の正確性、保存事項や保存方法についての法第18条の規定への適合性等についての指導監督を行わせることとする。

❸ 法第20条の規定による定期報告に関する事項（第五号）

報告事項・報告方法・報告の頻度等についての法第20条の規定への適合性等についての指導監督を行わせることとする。

❹ 法第21条の規定による秘密の保持に関する事項（第六号）

入居者からの苦情について、苦情の受付方法や苦情を踏まえた対応方法の妥当性等についての指導監督を行わせることとする。

❺ 賃貸住宅の入居者からの苦情の処理に関する事項（第七号）

家賃、敷金、共益費その他の金銭の管理に関し、受領した家賃等の金銭の賃貸人への送金の処理や経理処理の妥当性、管理方法の法令への適合性（分別管理の方法）等についての指導監督を行わせることとする。

❻ その他、賃貸住宅の入居者の居住の安定及び賃貸住宅の賃貸にかかる事業の円滑な実施を確保するため必要な事項として国土交通大臣が定める事項

※施行時点において別途告示等において国土交通大臣が定める事項なし

Q4　業務管理者の要件とは？

A4　規則第14条には「業務管理者」の要件について次のように規定されている。

> **規則第14条（業務管理者の要件）**
>
> 　法第12条第４項の国土交通省令で定める要件は、管理業務に関し２年以上の実務の経験を有する者又は国土交通大臣がその実務の経験を有する者と同等以上の能力を有すると認めた者で次の各号のいずれかに該当するものであることを要する。
> 　一　法第12条第４項の知識及び能力を有すると認められることを証明する事業（以下「証明事業」という。）として次条から第29条までの規定により国土交通大臣の登録を受けた者（以下「登録証明事業」という。）による証明を受けている者
> 　二　宅地建物取引士で国土交通大臣が指定する管理業務に関する実務についての講習を修了した者

以上から次のように整理される。

１．一号の要件

　「管理業務に対する２年以上の実務経験」＋「登録試験に合格した者」

２．二号の要件

　「管理業務に対する２年以上の実務経験」＋「宅地建物取引士」＋「指定講習を修了した者」

３．既に賃貸不動産経営管理士である者の特例

　令和２年度までに賃貸不動産経営管理士に合格し、令和４年６月（移行期間終了）までに登録を受けた賃貸不動産経営管理士で、**施行後１年の間**に新法の知識についての講習（移行講習）を受講した者については、管理業務に関する２年以上の実務経験＋登録試験に合格した者とみなされる。

4．賃貸不動産経営管理士、宅建士、登録試験合格者の業務管理者の要件獲得の手続き

　　これらの者が業務管理者の資格を取得する方法は、以下のとおりである。

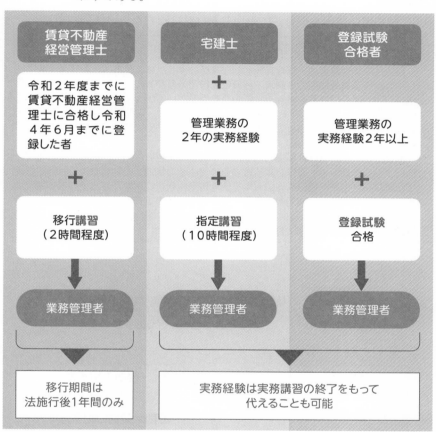

⁊管理受託契約の締結前の重要事項説明

　管理受託契約を締結しようとするときは、賃貸住宅のオーナーに対し、賃貸住宅管理業者は、専門的知識及び経験を有する者（右の**A₁**参照）に当該管理受託契約を締結するまでに、管理受託契約の内容及びその履行に関する事項について、書面を交付して説明しなければならない（法第13条）。

法第13条（管理受託契約締結前の書面の交付）

　賃貸住宅管理業者は、管理受託契約を締結しようとするときは、管理業務を委託しようとする賃貸住宅の賃貸人（賃貸住宅管理業者である者その他の管理業務に係る専門的知識及び経験を有すると認められる者として国土交通省令で定めるものを除く。）に対し、当該管理受託契約を締結するまでに、管理受託契約の内容及びその履行に関する事項であって国土交通省令で定めるものについて、書面を交付して説明しなければならない。
2　賃貸住宅管理業者は、前項の規定による書面の交付に代えて、政令で定めるところにより、管理業務を委託しようとする賃貸住宅の賃貸人の承諾を得て、当該書面に記載すべき事項を電磁的方法（電子情報処理組織を使用する方法その他の情報通信の技術を利用する方法であって国土交通省令で定めるものをいう。第30条第2項において同じ。）により提供することができる。この場合において、当該賃貸住宅管理業者は、当該書面を交付したものとみなす。

| **義務の主体**
賃貸住宅管理業者 | （注）管理受託契約締結前の重要事項説明はオーナーから委託を受けようとする賃貸住宅管理業者自らが行う必要がある。 |

‖

| **説明者**
管理受託を締結する賃貸住宅管理業者の従業者 | **説明の相手方**
賃貸住宅のオーナー
原則＝契約の相手方本人 |

（注）法13条は業務管理者が説明することを義務付けてはいないが、業務管理者又は一定の実務経験を有する者など専門的な知識及び経験を有する従業員が行うことが求められる。
　なお、他の営業所の従業員や出向先の社員等へは重要事項説明を委託できない。

（注）契約の相手方本人の意思により委任状等をもって代理権を付与された者に対しても説明義務を果たしたことになる。ただし、賃貸住宅管理業者の働きかけにより紹介された代理人を選任したような場合は説明責任を果たしたことにはならない。

賃貸住宅管理業法第13条に基づく重要事項説明は業務管理者によってなされることが必要か？

 法第13条に基づく重要事項説明は、必ずしも業務管理者によって行われることは法律上は要求されていない。しかし、重要な書面であるので、業務管理者か一定の実務経験を有する専門的な知識と経験を有する者が行うことが期待されている。

　なお、管理受託契約締結前の重要事項説明は、オーナーから管理受託契約を受けようとする賃貸管理業者自らが行う必要がある。賃貸住宅管理業法第13条は、管理受託契約締結前の重要事項説明の主体については、「賃貸住宅管理業者は」と規定し、賃貸住宅管理業者が重要事項説明義務を負っていることを明確にしている。

Q₂　重要事項説明から管理受託契約の締結までどの程度の期間をおくべきか？

A₂　賃貸住宅管理業法第13条では、「当該管理受託契約を締結するまでに」との定めしかなく、法文上は、管理受託契約締結前になされればよいとも読める。たとえば、定期建物賃貸借の場合を例にとると、借地借家法第38条第2項書面（定期建物賃貸借であることの書面を交付しての説明義務）を交付して説明する時期については、「あらかじめ」と規定されている。借地借家法第38条第2項の趣旨からすれば、この書面を交付しての説明は賃借人に定期建物賃貸借であることを十分に理解した上で契約を締結することを保障する趣旨であるから、遅くとも契約締結の1週間までには書面を交付して説明すべきであるとの主張に基づき訴えが提起されたこともあるが、裁判例は、「あらかじめ」書面を交付して説明がなされていれば足りるとして、特に何日前でなければならないとの判断は示していない。

　国土交通省は、管理受託契約前になされる重要事項説明の重大な意義に鑑み、<u>説明から契約締結までに1週間程度の期間をおくことがのぞましい</u>としている。仮に、説明から契約締結までの期間を短くせざるを得ない場合には、事前に管理受託契約締結前の重要事項説明書を送付しておき、その送付から一定期間経過後に説明を実施する等、<u>オーナーが管理委託契約の締結の判断をするまでに十分な時間を取ること</u>を推奨している。管理受託契約の内容については、定期建物賃貸借に関する借地借家法第38条第2項書面に比べ説明事項が多岐にわたっていることや、オーナーが理解し認識すべき事項が複雑であることからみても妥当な判断であると思われる。

　賃貸住宅管理業法における重要事項説明は、契約締結の1週間前程度の期間を置くことが望ましいとされていることに留意されたい。

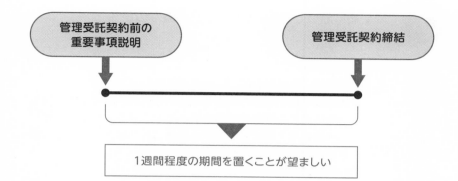

1週間程度の期間を置くことが望ましい

 管理受託契約締結前の重要事項説明において必要な項目は？

 次のとおりである。

❶　管理受託契約を締結する賃貸住宅管理業者の商号、名称又は氏名並びに登録年月日及び登録番号
❷　管理業務の対象となる賃貸住宅
❸　管理業務の内容
❹　管理業務の実施方法
❺　管理業務の一部の再委託に関する定めがあるときは、その内容
❻　責任及び免責に関する定めがあるときは、その内容
❼　法第20条の規定による委託者への報告に関する事項
❽　契約期間に関する事項
❾　報酬、支払時期及び方法に関する事項
❿　賃貸住宅の入居者に対する❸、❹の周知に関する事項
⓫　❾の報酬に含まれていない管理業務に関する費用の内容
⓬　契約の更新又は解除に関する定めがあるときは、その内容

更新に際しても重要事項説明は必要なのか？

 1．更新契約の内容が従前と同一である場合

　契約の同一性を保ったままで、契約期間のみを延長する場合は、更新に際しては重要事項説明は不要である。また、商号又は名称の変更等、形式的な変更と認められる場合も、更新の際の重要事項説明は不要である。

2．更新契約の内容が従前と異なる場合等

　賃貸住宅管理業者が、管理受託契約の内容を当初契約とは異なる内容で更新する場合は、改めて、管理受託契約重要事項説明書の交付と管理受託契約重要事項説明を行うことが必要となる。

更新契約の内容が従前と同一である場合	▶	更新時の重要事項説明不要
更新契約の内容が従前と異なる場合等	▶	改めて重要事項説明書の交付と説明

 オーナーチェンジの場合の重要事項説明の要否は？

 　賃貸住宅管理業者が管理受託契約を締結している賃貸住宅が、契約期間中に第三者に売却され、オーナーの地位が買主に移転した場合に、従前と同一内容の管理受託契約が承継されるかは議論のあるところだが、仮に従前と同一内容で管理受託契約が承継される場合であっても、賃貸住宅管理業者は、オーナーの地位が移転することを認識したときは、遅滞なく、新オーナーに管理受託契約重要事項説明書の交付と重要事項説明を行う必要があるとするのが国土交通省の考え方であり（「賃貸住宅の管理業務の適正化に関する法律の解釈・運用の考え方」第13条関係3）、実務において留意されたい点である。

重要事項説明を IT により行うことは可能か？

　1．オーナーの承諾を得ること

　　賃貸住宅管理業者は、重要事項説明書に記載すべき事項を電磁的方法により提供することが可能である。オーナーが遠隔地に居住している場合はもとより、近接地に居住している場合でも、電磁的方法による提供は可能である。ウィルス感染症等が拡大しているような時期においては有益な方法である。ただし、電磁的な提供はあくまでオーナーの承諾を得ていることが必要である。

　　したがって、電磁的方法により重要事項説明書を提供しようとする場合は、相手方が重要事項説明書の電子データを確実に受け取れる方法等（例えば、電子メール、Web サイトからのダウンロード、CD-ROM 等）をオーナーに示したうえで、オーナーが承諾したことが記録に残る方法で承諾を得ることが必要である。

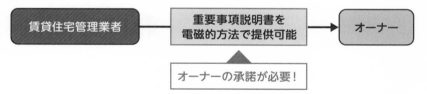

　2．重要事項の説明をオンラインで実施する際の留意点

　　この点は、いわゆる不動産取引における IT 重説の場合と同様である。

　ア　まず、重要事項の説明を受けようとする者が承諾した場合を除き、重要事項説明書及び添付書類をあらかじめ送付していることである。

　イ　テレビ会議等のオンラインで実施するに当たっては、最初に、提供しようとする図面及び書類の内容について十分に理解できる程度に映像を視認できているか、かつ、双方が発する音声を十分聞き取ることができ、双方でやりとりができる

環境下にあることが前提となる。

ウ　重要事項説明を受けようとする者が、重要事項説明書及び添付書類を確認しながら説明を受けることができる状態にあること並びに映像及び音声の状況について、説明を開始する前に、説明者が確認することが必要である。

エ　重要事項説明書を電磁的方法で提供する場合は、出力して書面を作成でき、改変が行われていないかを確認できること（電子署名等の活用も一方法）である。

8 管理受託契約締結時の書面の交付

　賃貸住宅管理業法第14条は、賃貸住宅管理業者は、管理受託契約を締結したときは、管理受託契約の相手方に対し、遅滞なく、確定した契約条件を当事者が確認できるよう必要事項を記載した書面を交付しなければならないとされている。

　注意すべきことは、この**管理受託契約締結時の書面は、前述の管理受託契約締結前に交付した書面とは別であり、管理受託契約締結時には新たに書面の交付が必要**となるという点である。つまり、賃貸管理業者は、管理受託契約の締結に際しては、「管理受託契約締結前の重要事項説明書」と「管理受託契約締結時の書面」と二度にわたり書面を交付する義務を負っているということである。

> **法第14条（管理受託契約締結時の書面の交付）**
>
> 　賃貸住宅管理業者は、管理受託契約を締結したときは、管理業務を委託する賃貸住宅の賃貸人（以下「委託者」という。）に対し、遅滞なく、次に掲げる事項を記載した書面を交付しなければならない。
> 一　管理業務の対象となる賃貸住宅
> 二　管理業務の実施方法
> 三　契約期間に関する事項
> 四　報酬に関する事項
> 五　契約の更新又は解除に関する定めがあるときは、その内容
> 六　その他国土交通省令で定める事項
> 2　前条第2項の規定は、前項の規定による書面の交付について準用する。

　なお、賃貸住宅管理業法第14条第1項各号規定の事項及び規則第35条規定の事項が記載された契約書であれば、同契約書をもって法第14条書面とすることができる。

　また、国土交通省令を踏まえた、契約締結時の書面に必要な記載項目は、以下のとおりである。

> **【契約締結時の書面に必要な記載事項】**
>
> 一　管理業務の対象となる賃貸住宅
> 二　管理業務の実施方法
> 三　契約期間に関する事項
> 四　報酬に関する事項
> 五　契約の更新又は解除に関する定めがあるときは、その内容
> 六　管理受託契約を締結する賃貸住宅管理業者の商号、名称又は氏名及び住
> 　　所並びに登録年月日、登録番号
> 七　管理業務の内容
> 八　管理業務の一部の再委託に関する定めがあるときは、その内容
> 九　責任及び免責に関する規定があるときは、その内容
> 十　法第20条の規定による委託者への報告に関する事項
> 十一　賃貸住宅の入居者に対する通知に関する事項

　管理受託契約締結時の書面の交付もオンラインで実施することができる。管理受託契約締結前に重要事項説明と同様に、**❶相手方の承諾を得ること、❷電磁的方法で提供する場合は改変が行われていないか確認できること**が必要となる。電子署名等の活用も一方法であると考えられる。

⑨再委託の禁止

　賃貸住宅管理業法第15条では賃貸住宅管理業者の再委託は禁止されている。まず、委託者から委託を受けた物件の管理業務は、委託を受けた賃貸住宅管理業者しか行うことができないということを明記する必要がある。

　なお、契約締結時の書面に必要な記載事項として規則第35条では、「管理業務の一部に再委託に関する定めがあるときは、その内容」が契約締結時の書面の記載事項とされているが、これは、あくまで管理業務の一部についての再委託であり、管理業務の全部を他の賃貸住宅管理業者に再委託することは賃貸住宅管理業法第15条違反となることに留意されたい。

　管理業務の一部の再委託も、管理受託契約に定めがある場合にのみ許されているものである。

　なお、一部の再委託が許されるからといって、例えば、受託した業務を5

つに分割し、それを他の賃貸住宅管理業者５社に再委託し、自身は管理業務を一切行わないことは、当然に賃貸住宅管理業法第15条違反となる。

10 財産の分別管理

法第16条（財産の分別管理）
賃貸住宅管理業者は、管理受託契約に基づく管理業務（第２条第２項第二号に掲げるものに限る。以下この条において同じ。）において受領する家賃、敷金、共益費その他の金銭を、整然と管理する方法として国土交通省令で定める方法により、自己の固有財産及び他の管理受託契約に基づく管理業務において受領する家賃、敷金、共益費その他の金銭と分別して管理しなければならない。

　冒頭のトラブル事例でも説明したところであるが、賃貸住宅管理業者が入居者から支払われる家賃等を徴収したにもかかわらず、その家賃を自社の資金繰りに費消してしまい、オーナーに入金すべき金銭が支払われないといったトラブルは現実に生じている。

　こうしたトラブルを回避するためには、賃貸住宅管理業者において、賃借人等から受領する家賃や敷金等を厳格に、自社の固有財産とは分別して管理することが求められる。

分別管理の方法＝以下のいずれかを満たす方法とする
❶　口座分別の方法により、管理業務において受領する家賃・敷金等の金銭を自己の固有財産と分別して管理する方法（契約毎に口座を設けることは求めない）　➡　金融機関口座の分別
❷　帳簿や会計ソフト上で、管理業務において受領する家賃・敷金等の金銭がいずれの管理受託契約に基づく金銭であるかがわかるように、他の契約において受領する家賃・敷金等と分別して管理する方法　➡　帳簿・会計ソフト上の分別

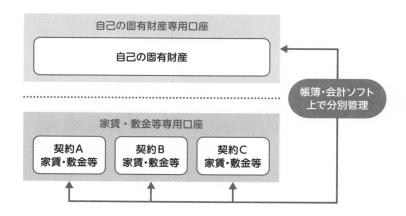

11 従業者証明書

賃貸住宅管理業者は、その業務に従事する使用人その他の従業者に、その従業者であることを証する証明書を携帯させる必要がある。

> **法第17条（証明書の携帯等）**
>
> 賃貸住宅管理業者は、国土交通省令で定めるところにより、その業務に従事する使用人その他の従業者に、その従業者であることを証する証明書を携帯させなければ、その者をその業務に従事させてはならない。
> 2　賃貸住宅管理業者の使用人その他の従業者は、その業務を行うに際し、委託者その他の関係者から請求があったときは、前項の証明書を提示しなければならない。

(1)　賃貸住宅管理業者が、従業員証明書を携帯させる従業員の範囲

賃貸住宅管理業者のすべての従業員が対象となるわけではない。賃貸住宅管理業者の責任の下に、当該賃貸住宅管理業者が営む賃貸住宅管理業に従事する従業員が対象である。

(2)　内部管理事務を担当する従業員の取り扱い

賃貸住宅管理業法の趣旨からすれば、賃貸住宅管理業者と直接の雇用関係にある従業員であっても、内部管理事務に限って従事する者は、従業者証明書の携帯の義務はない。

🗓帳簿の備え付け

　賃貸住宅管理業者は、その業務に関する帳簿を備え付けなければならない。

　帳簿の備え付けは、法人として一括した帳簿ではなく、その営業所又は事務所ごとに備え付ける必要があることに留意されたい。

　また、委託者ごとに、管理受託契約について契約年月日等の事項を記載したうえで保存しなければならない。

帳簿の備え付け　→

> 営業所又は事務所ごとに備える必要がある！

> 委託者ごとに管理受託契約年月日等を記載しなければならない！

法第18条（帳簿の備え付け等）

　賃貸住宅管理業者は、国土交通省令で定めるところにより、その営業所又は事務所ごとに、その業務に関する帳簿を備え付け、委託者ごとに管理受託契約について契約年月日その他の国土交通省令で定める事項を記載し、これを保存しなければならない。

　国土交通省令で定める帳簿に記載する事項は、規則第38条第１項に規定されている。

規則第38条第１項（帳簿に記載する事項）

　一　管理受託契約を締結した委託者の商号、名称又は氏名
　二　管理受託契約を締結した年月日
　三　管理の対象となる賃貸住宅
　四　報酬の額
　五　管理委託契約における特約その他参考となる事項

　上記の事項が電磁的に記録されているときは、当該電磁的記録をもって、帳簿への記載に代えることができる。

13 標識の掲示

法第19条（標識の掲示）

　　賃貸住宅管理業者は、その営業所又は事務所ごとに、公衆の見やすい場所に、国土交通省令で定める様式の標識を掲げなければならない。

　国土交通省令で定める標識の掲載事項は規則別記様式第十二号で明らかにされている。

標識の掲載事項（規則別記様式第十二号参照）

一　登録番号
二　登録年月日
三　登録の有効期間
四　商号、名称又は氏名
五　主たる営業所又は事務所の所在地（電話番号を含む）

参考　登録業者標識の例

別記様式第十二号（第三十九条関係）

標　　　識

賃 貸 住 宅 管 理 業 者 登 録 票	
登　　録　　番　　号	国土交通大臣（　　）第　　　　号
登　録　年　月　日	年　　　　　月　　　　　日
登　録　の　有　効　期　間	年　月　日から　年　月　日まで
商　号、名　称　又　は　氏　名	
主たる営業所又は事務所の所在地	電話番号　　（　　　）

30cm以上

35cm以上

🔢委託者への定期報告

> **法第20条（定期報告）**
>
> 　賃貸住宅管理業者は、管理業務の実施状況その他の国土交通省令で定める事項について、国土交通省令で定めるところにより、定期的に、委託者に報告しなければならない。

　賃貸住宅管理業者にとって、委託者に対する定期報告は極めて重要なものであり、賃貸住宅管理業法第20条は、定期報告を法的に義務付けたものである。

⑴　管理受託契約を締結した日から1年を超えない期間ごとの報告

　賃貸住宅管理業者は、委託者への報告を行うときは、管理受託契約を締結した日から1年を超えない期間ごとに、管理業務の実施状況を記載した管理業務報告書を作成し、これを委託者に交付して説明しなければならない（規則第40条第1項）。

⑵　管理受託契約の期間の満了後の報告

　賃貸住宅管理業者は、管理受託契約の期間の満了後においても、管理業務の実施状況を記載した管理業務報告書を作成し、これを委託者に交付して説明しなければならない。

　なお、法施行前に締結された管理受託契約について、法施行後に当該管理受託契約が更新された場合、形式的な変更を認められる場合であっても、更新後においては、委託者への定期報告を行うべきである。

⑶　報告すべき事項

　報告すべき事項は、次のとおりである（規則第40条第1項各号）。

❶　報告の対象となる期間
❷　管理業務の実施状況
❸　管理業務の対象となる賃貸住宅の入居者からの苦情の発生状況及び対応状況

❷の「管理業務の実施状況」については、法第2条第2項に基づく管理業務に限らず、管理受託契約における委託業務のすべてについて報告することが望ましい。

❸については、苦情の発生日時、申し出た者の属情、苦情の内容、対応状況等について把握可能な限り記録し、報告する義務がある。

(4) 電磁的方法による提供も可

賃貸住宅管理業者は、委託者の承諾を得て、報告書に記載すべき事項を電磁的方法により提供することができる（規則第40条第2項第6項）。ただし、委託者から電磁的方法により提供を受ける承諾を得ていたとしても、委託者から電磁的提供を受けない旨の申し出があった場合には、電磁的な提供をしてはならない（規則第40条第7項）とされていることに留意されたい。

(5) 附則

賃貸住宅管理業法附則第3条第1項は、「第14条及び第20条の規定は、この法律の施行前に締結された管理受託契約については、適用しない。」と規定しており、管理受託契約が令和3年6月15日より前に締結されていたものについては、定期報告等の規定は適用されない。もっとも、賃貸住宅管理業者に対する信頼確保の観点からは、法施行前の契約についても定期報告を行うことが望ましいことはいうまでもない。

15 守秘義務

　賃貸住宅管理業者は、正当な理由がある場合でない限り、業務上知り得た秘密を他に漏らしてはならない。

> **法第21条（秘密を守る義務）**
>
> 　賃貸住宅管理業者は、正当な理由がある場合でなければ、その業務上取り扱ったことについて知り得た秘密を他に漏らしてはならない。賃貸住宅管理業を営まなくなった後においても、同様とする。
> 2　賃貸住宅管理業者の代理人、使用人その他の従業者は、正当な理由がある場合でなければ、賃貸住宅管理業の業務を補助したことについて知り得た秘密を他に漏らしてはならない。賃貸住宅管理業者の代理人、使用人その他の従業者でなくなった後においても、同様とする。

　賃貸住宅管理業法第21条に定める、守秘義務が課される「**従業者**」とは、必ずしも当該賃貸住宅管理業者と雇用関係にある者には限らない。再委託契約に基づき、賃貸住宅管理業務の一部の再委託を受ける者など、当該賃貸住宅管理業者の指揮命令に従い業務に従事する者をいう。

16 監督

　賃貸住宅管理業法では、賃貸住宅管理業が適正に運営されるようにするため、国土交通大臣が命ずることができる業務方法の変更と改善措置についての規定が設けられている。具体的には、業務改善命令、業務取消命令、登録取消命令とそれに基づく登録の抹消等の規定がこれに該当する。

(1)　業務改善命令

> **法第22条（業務改善命令）**
>
> 　国土交通大臣は、賃貸住宅管理業の適正な運営を確保するため必要があると認めるときは、その必要の限度において、賃貸住宅管理業者に対し、業務の方法の変更その他業務の運営の改善に必要な措置をとるべきことを命ずることができる。

　国土交通省は、賃貸住宅管理業者が、業務管理者の配置、管理受託契約締結前・締結後の書面の交付等、金銭の分別管理等に違反した場合は、当該賃貸住宅管理業者等に業務改善命令を課すことができる。

(2) 業務停止命令と登録の取消し

法第23条（登録の取消し等）

　　国土交通大臣は、賃貸住宅管理業者が次の各号のいずれかに該当するときは、その登録を取り消し、又は1年以内の期間を定めてその業務の全部若しくは一部の停止を命ずることができる。
　一　第6条第1項各号（第三号を除く。）のいずれかに該当することとなったとき。
　二　不正の手段により第3条第1項の登録を受けたとき。
　三　その営む賃貸住宅管理業に関し法令又は前条若しくはこの項の規定による命令に違反したとき。
　2　国土交通大臣は、賃貸住宅管理業者が登録を受けてから1年以内に業務を開始せず、又は引き続き1年以上業務を行っていないと認めるときは、その登録を取り消すことができる。
　3　第6条第2項の規定は、前2項の規定による処分をした場合について準用する。

　国土交通大臣は、賃貸住宅管理業者が登録拒否事由に該当するに至ったときや、不正の手段で登録を受けたとき、賃貸住宅管理業に関する法令等に違反したときは、登録を取り消すか、あるいは1年以内の業務停止を命じることができる。また、登録を受けてから1年以内に業務を開始しない場合や、引き続き1年以上業務を行っていないと認められる場合は、その登録を取り消すことができるものとされている。

(3) 登録の取消命令に基づく登録の抹消

法第24条（登録の抹消）

　　国土交通大臣は、第3条第2項若しくは第9条第2項の規定により登録がその効力を失ったとき、又は前条第1項若しくは第2項の規定により登録を取り消したときは、当該登録を抹消しなければならない。

　国土交通大臣は、登録の更新を受けなかった場合、若しくは廃業等により効力を失ったとき、又は登録の取消しに該当した場合は、当該賃貸住宅管理業者の登録を抹消しなければならない。

(4) 公告の方法

　国土交通大臣は、賃貸住宅管理業法第23条第1項又は第2項の規定による処分（登録の取消し、業務停止命令等）をしたときは、その旨を公告しなければならないものとされている。

> **法第25条（監督処分等の公告）**
>
> 　国土交通大臣は、第23条第1項又は第2項の規定による処分をしたときは、国土交通省令で定めるところにより、その旨を公告しなければならない。

　なお、この公告の方法は、国土交通省令により、官報により行われるものとされている。

(5)　監督処分一覧

業務改善命令
●法第7条（変更の届出）に違反して届出をせず又は虚偽の届出をしたとき ●法第9条第1項（廃業等の届出）に違反して届出をせず又は虚偽の届出をしたとき ●法第12条（業務管理者の選任）に違反したとき ●法第13条（契約締結前の書面交付）に違反したとき ●法第14条（契約締結時の書面交付）に違反したとき ●法第16条（分別管理）に違反したとき ●法第17条（証明書の携帯等）又は法第19条（標識の掲示）に違反したとき ●法第18条（帳簿の備え付け等）に違反したとき ●法第20条（委託者への定期報告）に違反したとき

業務停止命令
●法第11条（名義貸しの禁止）に違反したとき ●法第12条（業務管理者の選任）に違反したとき ●法第13条（契約締結前の書面交付）に違反したとき ●法第14条（契約締結時の書面交付）に違反したとき ●法第15条（管理業務の再委託の禁止）に違反したとき ●法第16条（分別管理）に違反したとき ●法第20条（委託者への定期報告）に違反したとき ●法第21条（秘密を守る義務）に違反したとき

17 罰則

> 賃貸住宅管理業法は登録業者に対する監督として、命令、公告、罰則として
> 懲役若しくは罰金又はこれを併科することとした

(1) 命令等

　従来の国土交通大臣告示に基づく「賃貸住宅管理業者登録制度」においては、管理業者が登録規定や業務処理準則に違反し、賃貸人・賃借人に対して損害を与えた場合は、必要な指導・助言・勧告を行うものとされ、会社名の公表等の措置が用意されていたが、賃貸住宅管理業法においては、

> ❶　業務改善命令（法第22条）
> ❷　業務停止命令（法第23条第1項第一号）
> ❸　登録の取消し（法第23条第1項～第3項）
> ❹　登録の抹消（法第24条）

等の監督方法が定められている。

(2) 公告

　国土交通大臣は法第23条第1項又は第2項の規定による処分（登録の取消し等）をしたときは、その旨を公告しなければならない（法第25条）

(3) 罰則

　さらに賃貸住宅管理業法では、違反の程度に応じて、

> ❶　1年以下の懲役若しくは100万円以下の罰金又はこれを併科
> ❷　6月以下の懲役若しくは50万円以下の罰金又はこれを併科
> ❸　30万円以下の罰金
> ❹　20万円以下の過料

等の罰則を設けている。

　その詳細については後述するが、無登録で賃貸住宅管理業を営んだ場合は1年以下の懲役若しくは100万円以下の罰金又はこれを併科するとされている。

【賃貸住宅管理業法における罰則の一覧表】

2年以下の懲役若しくは100万円以下の罰金、又はこれを併科（法第41条）	❶　法第3条第1項（登録）に違反して賃貸住宅管理業を営んだとき ❷　不正の手段により法第3条第1項の登録を受けたとき ❸　法第11条（名義貸しの禁止）に違反して、他人に賃貸住宅管理業を営ませたとき
6月以下の懲役若しくは50万円以下の罰金、又はこれを併科（法第42条）	●　法第23条第1項（登録の取消し等）の命令に違反したとき
30万円以下の罰金（法第44条）	❶　法第7条第1項（変更の届出）に違反して届出をせず又は虚偽の届出をしたとき ❷　法第12条第1項に違反して業務管理者を選任しなかったとき ❸　法第12条第2項に違反して管理受託契約を締結したとき ❹　法第14条（契約締結時の書面交付）に違反して、書面を交付せず、若しくは同項に規定する事項を記載しない書面若しくは虚偽の記載のある書面を交付したとき等 ❺　法第17条（証明書の携帯等）又は法第19条（標識の掲示）に違反したとき ❻　法第18条（帳簿の備え付け等）に違反したとき ❼　法第21条（秘密を守る義務）に違反したとき ❽　法第22条（業務改善命令）に違反したとき ❾　法第26条第1項（報告徴収及び立入検査）による報告をせず若しくは虚偽の報告をしたとき等
20万円以下の過料（法第46条）	●　法第9条第1項（廃業の届出）に違反して届出をせず虚偽の届出をしたとき

第3章

特定賃貸借契約（マスターリース契約）の適正化のための措置

第1節 | 賃貸住宅管理業法における特定賃貸借契約（マスターリース契約）に規制を設けた趣旨

■ サブリース契約における問題点

「第1章」に述べたところであるが、持ち家より借地・借家を志向する割合や単身者世帯の割合が増加しており、同時に、快適な暮らしの場である住宅に対する要望も様々であり、賃貸管理の内容は徐々に高度化しつつある。他方において、わが国の民間賃貸住宅は約8割が個人経営であり、兼業で賃貸経営を行う者の割合は44.5％にのぼり、相続等により賃貸住宅の経営を先代から承継した者が多いという事情と相まって、わが国の民間賃貸住宅の経営者は、賃貸住宅経営の経験が10年未満の比較的経験が浅い者が多く、かつ、50歳以上が58.3％を占めるなど高齢者が多いのが特徴である。

■ 賃貸人（オーナー）とサブリース業者との間のトラブルが多発

賃貸住宅の重要が高まり、賃貸管理の内容も高度化していくなかで、民間賃貸住宅は、令和元年度には、自主管理は18.5％、賃貸管理を業者に委託するケースは81.5％にまで上昇しており、賃貸住宅の管理業者の果たす役割が相対的に高くなっている反面、サブリース契約においては、マスターリース契約における賃貸人（オーナー）とサブリース業者との間のトラブルが多発している。その原因の多くは、サブリース業者が、オーナーに対して、「家賃保証」「満室保証」をうたい、サブリース契約のメリットを強調する反面において、サブリース業者からオーナーに対し、マスターリース契約の家賃の減額請求がなされるリスクや、サブリース業者によるマスターリース契約

の期間内解約の可能性や、オーナーはサブリース契約を解約するには予告期間だけではなく借地借家法第28条に定める「正当事由」を具備しなければならないこと等の、サブリース方式での賃貸経営にかかる潜在的なリスクやデメリットの説明を十分に行っていないケースがあることによるものである。

| 賃貸住宅の需要の高まり | 賃貸管理の内容の高度化 | 賃貸住宅の管理業者の果たす役割大 | マスターリース契約における賃貸人（オーナー）とサブリース業者とのトラブル多発 |

3 賃貸住宅管理業法の制定と規制の対象

　こうしたサブリース業者とオーナーとの間のトラブルの発生を防止するため、賃貸住宅管理業法が制定され、罰則を伴うサブリース業に対する規制が設けられたものである。

　したがって、賃貸住宅管理業法のサブリースに関する規定を正しく理解し、適正に運用していくためには、これまでに、オーナーと賃貸住宅管理業者、サブリース業者との間で、それぞれ、どのようなトラブルが生じていたかを認識しておく必要がある。

4 サブリース業務に関するトラブル

　サブリース業に関しても賃貸人との間のトラブルが多い。そのトラブルは、サブリース業者が賃貸人との間で締結するマスターリース契約について、十分な説明をしていないことに起因する場合が多くを占めている。

⑴　賃料保証と約定賃料の減額請求

① 　「賃料保証」「満室保証」の文言

　サブリース契約においては、「賃料保証」「満室保証」との文言が記載されることが多い。この文言を目にした賃貸人は、マスターリース期間は、約定の賃料額が補償されると考える傾向にある。しかし、経済情勢の変動等の事情から、サブリース業者から賃貸人に対し、約定賃料の減額請求がなされる

ことは少なくない。賃貸人としては、「賃料保証」をしているのであるから、その賃料を減額されることなどあり得ないと思っていることが多いため、トラブルとなることが少なくない。

このように、賃料を減額する余地がある以上、賃料の減額請求があり得ることを説明していなければトラブルを生じることとなり、マスターリース契約の当事者間で不信感を醸成する原因となる。

この点は、住宅供給公社において運営される特定優良賃貸住宅（「特優賃住宅」）においても同じである。建物オーナーが住宅供給公社に対し、その所有建物を特優賃住宅のために転貸特約付きで転貸する方式であるが、バブルの崩壊後、住宅供給公社から賃料の減額請求がなされる事案が相次いだ。特優賃住宅のオーナーからは特優賃でまさか賃料の減額がなされるとは思ってもみなかったという声が上がったが、法的には借地借家法第32条の賃料増減請求権は強行規定であるから賃料の減額は認められている。これらの事態はマスターリース契約を締結する際に、オーナーに説明をしておけばトラブルには発展しなかったものと思われる。

② 賃料は減額しないとの特約

また、サブリース契約の初期には、当時のバブル絶頂期という経済情勢を背景に、「マスターリース賃料は増額することはあっても減額はしない」との特約がなされたこともあった。しかし、借地借家法第32条第1項ただし書は、賃料を増額しない旨の特約は有効であると定めるのみで、賃料を減額しないとの特約は無効と解されている。このため、マスターリース賃料は増額することはあっても減額はしないとの特約がなされている場合でも、サブリース業者からオーナーに対する賃料減額請求が相次いだため、訴訟にまで発展する事態となった。

⑵　賃料保証とマスターリース契約の期間内解約

マスターリース契約においては、「契約期間○○年間」「賃料保証」と記載されるものが少なくないが、建物オーナーとしては、契約期間中の賃料額の支払いが保証されていると考えがちである。しかし、実際には、当該サブ

リースシステムが、いわゆる逆ザヤになったような場合には、サブリース業者から、マスターリース契約の期間内解約がなされる場合がある。

オーナーからすれば、「契約期間○○年」「賃料保証」との文言からは、サブリース業者から、契約期間中は合意した賃料額の支払いが保証されていると考え、よもや契約期間中に解約がなされて賃料が支払われなくなるとは思っていなかった、としてトラブルが生じることが少なくない。この点も、サブリース業者から、賃料保証をしていても、マスターリース契約の期間内解約はあり得る旨を正確に説明していれば、トラブルは生じなかったはずである。

(3)　賃貸人の期間内解約条項

また、マスターリース契約の期間内解約条項については、「甲又は乙は本契約期間中6か月前に予告をすることにより、本契約を解約することができる。」との規定が設けられ、賃借人だけではなく、賃貸人も期間内解約をすることができるとの特約が合意されることがある。

マスターリース契約を締結する賃貸人（オーナー）の中には、マスターリース契約は、何時でも6か月前の予告で解約できるものと考えて契約書に調印する者も少なくない。そのため、サブリース業者から、賃料の減額要請を受け、賃料保証をしているにもかかわらず賃料の減額を要請してくるのであれば、当該サブリース業者との間のマスターリース契約を解約するとの意思表示をしてくることもある。

しかし、マスターリース契約は借地借家法第28条（「正当事由」に関する規定）が適用される建物賃貸借契約であるから、たとえ、マスターリース契約において、本契約は賃借人も賃貸人も6か月前の予告により解約できるとの定めがあっても、賃借人は文字通り6か月前の予告でマスターリース契約を解約することができるが、賃貸人であるオーナーは借地借家法第28条に定める「正当事由」を具備していない限り、解約は認められない。借地借家法第28条の正当事由に関する規定が強行規定だからである。

オーナーはそのような法的知識を有しているとは限らない。契約書に賃貸人も6か月の予告で、マスターリース契約を解約できると記載されている以

上、当然、解約は認められるものと思っていた、仮に6か月の予告で解約することができず、正当事由を具備しない限り半永久的にマスターリース契約に拘束されると知っていたならばマスターリース契約など締結しなかった、マスターリース契約は錯誤に取り消されるべきである、と主張して重大なトラブルになるケースもある。

⑷ マスターリース賃料の減額に応じない場合のサブリース業者によるマスターリース契約の解約の可否

　サブリース契約においては、「賃料保証」を合意していることからサブリース業者からの期間内解約は正当な事由がある場合に限りすることができるとの特約を結ぶことがある。その場合に、サブリース業者が、オーナーに対し、マスターリース賃料の減額を申し出て、オーナーが減額に応じないことを理由に、マスターリース契約の解約の意思表示をして、裁判で解約が有効であるか否かが争われることもある（東京地判平成7年9月20日）。

　オーナーは、「本件賃貸借契約は、サブリース業者が本件建物を転貸し得ることを前提とし、転借人の有無に係らず、12年間の約定期間内は契約関係を維持し、その間のオーナーの賃料収入を保証するものであるから、サブリース業者が転貸により損失を被ることになっても、そのことが解約申入れの正当な事由となるものではない。」と主張し、サブリース業者は、「本件建物の転借人から賃料の値下げの申入れがあり、それができないのであれば建物を明け渡す旨の申入れがあり、転借人の申出内容では逆賃料となるため、サブリース業者からオーナーに対し、再三にわたり賃料の減額交渉を行い、その際、サブリース業者は自己の利益をゼロにするという申し出までしているにも係らず、オーナーは12年間の契約期間内は賃料の減額には一切応じられないと主張したため、やむなく本件賃貸借契約の解約を申入れしたものである。したがって、サブリース業者の解約申入れによる本件賃貸借契約の終了は、オーナーの責に帰すべき事由に基づくものであり、当然、認められるべきである。」と主張したというケースである。このようなケースも、マスターリースの解約の条件等を予め説明していればトラブルにはならなかったものと考えられる。因みに、裁判所は当該事件については、「サブリース業

者は、本件賃貸借契約締結の不動産取引の状況の変化により、事務所用建物の賃料相場が大幅に下落し、本件賃貸借契約を締結したのでは大幅な損失が発生する状況となり、損失を減少させるための協議もオーナーに拒絶されたため、本件賃貸借契約の解約の申入れをしたものである。サブリース業者による解約申入れには、<u>前記①に定める正当な事由</u>^(注)があるというべきである。」との判断を示している。

（注）「前記①に定める正当事由」とは、「借地借家法第28条に定める正当事由」のことをいう。

(5)　転貸賃料連動型のマスターリース契約とフリーレント

　また、マスターリース契約において、マスターリース契約の賃料は狭義のサブリース契約における賃料と連動して定めるものとし、サブリース業者は、オーナーから管理費を受領するという特約がなされることもある。

　その場合、サブリース業者が、マスターリース賃料の額と、近隣の市況を勘案して、エンドユーザーとの間のサブリース賃料につき数か月間のフリーレントを導入し、フリーレント期間は転貸賃料はゼロであるから、マスターリース賃料もゼロであると主張して、オーナーとトラブルを生じ、裁判が提起されたこともある（東京地判平成18年8月31日）。賃貸人側は、賃料を0円とするフリーレントをオーナーの承諾も得ることなく行うことは、信義則上、賃貸人に対抗できず、サブリース業者は、フリーレント期間中も、同期間経過後と同額の賃料支払い義務を負担すべきであると主張し、サブリース業者は、本件マスターリース契約においては、転貸料が0円の場合に、本件賃料連動条項の適用を排除するとの約定はなく、転借料が0円の場合にも、当然、本件賃料連動条項が適用され、転借料が0円のフリーレントの期間中の賃料は0円であり、サブリース業者には同期間中の賃料支払義務はない、と反論して争った事例である。判決では、当該事案においては、「一定期間の転借料を0円とするフリーレントは、賃貸人に著しい不利益が生じない特段の事情があるときは、賃貸人に対抗できる。」と判断されたものであるが、こうした賃料の変動に関する条件がある場合は、あらかじめサブリース業者がオーナーに説明しておけば、トラブルを生じることはなかったはずである。

⑹　十分な財産的基礎を有しない業者がサブリースを組む場合

　2018年に、1,000棟（1万2,000戸）を管理するサブリース業者が負債60億円を抱え、オーナーに対する家賃23億円を未払いにして経営破綻するというケースが生じた。これにより800名を超えるオーナーが賃貸住宅事業に行き詰まり、大きな社会的な問題となった。サブリース業界の信用を低下させる事件でもあり、こうした事態を二度と発生させないように検討していくことも重要である。

> サブリース契約におけるトラブル
>
> 「家賃保証」「満室保証」といいつつ、
> ❶ 賃料減額請求が行われる、
> ❷ 期間内解約が行われる等々。

第2節 | 賃貸住宅管理業法のサブリースに関する用語の定義

　サブリース事業に関しては、賃貸住宅管理業法には、「特定賃貸借契約」「特定転貸事業者」の定めがあり、さらに同法第28条にはサブリース業者以外に「勧誘者」についての規定が設けられ、サブリース業においては、サブリース業者だけではなく「勧誘者」についても一定の規制が設けられることになった。

　「特定賃貸借契約」「特定転貸事業者」「勧誘者」についての定義を正しく理解することが必要である。

■1 特定賃貸借契約

「特定賃貸借契約」とは、

> 賃貸住宅の賃貸借契約（国土交通省令で定める者を除く。）であって、賃借人が当該賃貸住宅を第三者に転貸する事業を営むことを目的として締結されるものをいう。

- ☑ 事業を営むとは、営利の意思を持って反復継続的に転貸することをいう。
- ☑ 営利の意思の有無については、客観的に判断され、個人が賃借した賃貸住宅を一時的に第三者に転貸するような場合は、特定賃貸借契約には該当しない。

> 賃借人が人的関係、資本関係その他の関係において、賃貸人と密接な関係を有する者として国土交通省令で定める者

❶賃貸人が個人である場合
- ・当該賃貸人の親族
- ・当該賃貸人又はその親族が役員である法人

❷当該賃貸人が会社である場合
- ・当該賃貸人の親会社・子会社・関連会社　等々

77

❷特定転貸事業者

「特定転貸事業者」とは、

> 特定賃貸借契約に基づき賃借した<u>賃貸住宅を第三者に転貸する事業を営む者</u><u>をいう。</u>

⬇

> 営利の意思を持って反復継続的に事業を営む者

❸勧誘者

「勧誘者」とは、

> 特定転貸事業者（サブリース業者）が特定賃貸借（マスターリース契約）の契約の締結についての勧誘を行わせる者であり、❶特定のサブリース業者と特定の関係性を有する者であって、❷当該サブリース業者のマスターリース契約の締結に向けた勧誘を行う者
>
> ⬇
>
> （建設会社、金融機関等の法人、既存の賃貸住宅のオーナー等）
>
> ☑ 明示的に管理を委託されてはいないが、特定転貸事業者から管理を行うよう依頼されている者、勧誘を任されている者を含む。

　上記の定義にしたがい、賃貸住宅管理業法が規制するサブリースの仕組みを図示すると、次のとおりである。

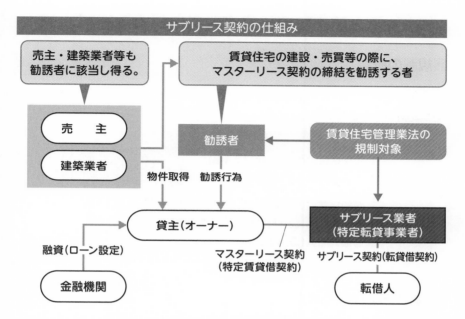

　なお、特定のサブリース業者と『特定の関係性を有する者』の例として
は、特定のサブリース業者からマスターリース契約の勧誘を行うことについ
て委託を受けた者以外には、次のような場合がこれに該当する。

❶　親会社、子会社、関連会社のサブリース業者のマスターリース契約につ
いて勧誘を行う者
❷　特定のサブリース業者が顧客を勧誘する目的で作成した資料を用いてマ
スターリース契約の内容や条件を説明し、当該契約を行っている者
❸　特定のサブリース業者から、勧誘の謝礼として紹介料を受け取っている
者
❹　特定のサブリース業者が、自社のマスターリース契約の勧誘の際に渡す
ことができるよう、自社名の入った名刺の利用を認めている者

　特定の関係を有するか否かは客観的に判断されるものであり、たとえ、勧
誘者が「自発的に勧誘しているだけで、サブリース業者からは委託を受けて
いない」と主張しても、客観的に特定の関係が認められる場合には勧誘者に
対する規制は適用される。

第3節｜特定転貸事業者に対する規制

1 規制の概要

　賃貸住宅管理業法においては、「特定転貸事業者」に対しては、下記の5つの規制がなされている。

> 1　誇大広告等の禁止(法第28条)
> 2　不当な勧誘の禁止(法第29条)
>
> 1と2は「勧誘者」にも適用される。
>
> 3　契約締結前の重要事項の説明及び書面交付(法第30条)
> 4　契約締結時における書面交付(法第31条)
> 5　書類の閲覧(法第32条)

(1)　勧誘行為に対する規定

　上記5つの項目のうち、1及び2は、マスターリース契約について、オーナーとなろうとする者に対する勧誘行為についての規定であり、サブリース業者（特定転貸事業者）だけではなく勧誘者にも適用される。

(2)　特定賃貸借契約（マスターリース契約）に対する規定

　また、上記の3及び4は特定賃貸借契約（マスターリース契約）を締結する際に、特定転貸事業者がオーナーとなろうとする者に対し、マスターリース契約のリスクを十分に認識し、適正なリスク判断のもと契約の締結ができるように、契約に先立ち国土交通省令に定める重要事項を記載した書面を交付して説明し、契約締結時には、契約内容が確認できるように契約締結時書面の交付を義務付けたものである。

(3)　特定転貸事業者の業務及び財産の開示に関する規定

　上記の5は特定転貸事業者の業務及び財産の状況を記載した書面の備置義務と特定賃貸借契約（マスターリース契約）の相手方又は相手方となろうと

する者の求めに応じ閲覧させる義務を規定したものである。

このように、賃貸住宅管理業法は、サブリース契約については、❶勧誘行為の規定、❷マスターリース契約の重要事項説明書及び契約締結時書面の交付義務、❸特定転貸事業者の業務及び財産の開示、の3つの観点から、サブリース事業の適正化を図ろうとしているものである。

２ 誇大広告等の禁止

法第28条（誇大広告等の禁止）

　特定転貸事業者又は勧誘者（特定転貸事業者が特定賃貸借契約の締結についての勧誘を行わせる者をいう。以下同じ。）（以下「特定転貸事業者等」という。）は、第2条第5項に規定する事業に係る特定賃貸借契約の条件について広告をするときは、特定賃貸借契約に基づき特定転貸事業者が支払うべき家賃、賃貸住宅の維持保全の実施方法、特定賃貸借契約の解除に関する事項その他の国土交通省令で定める事項について、著しく事実に相違する表示をし、又は実際のものよりも著しく優良であり、若しくは有利であると人を誤認させるような表示をしてはならない。

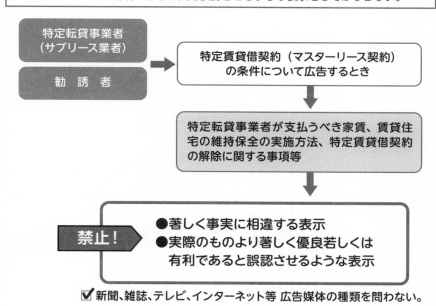

昨今では、サブリース契約においては、「家賃保証」「満室保証」などの契約条件の誤認に起因するトラブルが多発し、もはや社会問題の様相を呈している。その原因の多くは、特定転貸事業者（サブリース業者）が、マスターリース契約におけるリスクをオーナーに対し十分に提示できていないことにあると思われる。

　このため、賃貸住宅管理業法は、まず、マスターリース契約の締結についての広告を打ち出す際には、国土交通省令で定める事項について、❶<u>著しく事実に相違する表示</u>、❷<u>実際の契約条件よりも著しく優良若しくは有利であると人を誤認させる表示</u>を禁止したものである。

(1) 誇大広告等とは何か

　賃貸住宅管理業法第28条に定める「誇大広告等」とは、以下の2つを指す。

---

❶　誇大広告^(注)
　　実際の契約条件よりも著しく優良若しくは有利と見せかけ契約の相手方を誤認させるもの
❷　虚偽広告
　　虚偽の表示により契約の相手方を欺くもの

　（注）広告の媒体については、その種類は問わないものとされている。

(2) 誇大広告をしてはならない事項

誇大広告をしてはならない事項として国土交通省令で定める事項
❶特定賃貸借契約の相手方に支払う家賃の額、支払期日及び支払方法等の賃貸の条件並びに変更に関する事項
❷賃貸住宅の維持保全の実施方法
❸賃貸住宅の維持保全に要する費用分担に関する事項
❹特定賃貸借契約の解除に関する事項

	サブリース業者がオーナーに支払うべき家賃の額、支払期日、その支払方法等の賃貸の条件並びにその変更に関する事項
表示内容	サブリース業者がオーナーに支払う家賃の額、支払期日、その支払方法、当該額の見直しがある場合はその見直し時期、借地借家法第32条に基づく家賃の減額請求権及び利回り
留意点	・広告において「家賃保証」「空室保証」など、空室の状況にかかわらず一定期間、一定の家賃を支払うことを約束する旨等の表示を行う場合は、「家賃保証」等の文言に隣接する箇所に、定期的な家賃の見直しがある場合にはその旨及び借地借家法第32条の規定により減額されることがあることを表示すること。 ・表示に当たっては、文字の大きさのバランス、色、背景等から、オーナー等が一体として認識できるよう表示されているかに留意する。

	賃貸住宅の維持保全の実施方法
表示内容	サブリース業者が行う賃貸住宅の維持保全の内容、頻度、実施期間等
留意点	・実際には実施しない維持保全の内容の表示をしていないこと。 ・実施しない場合があるにもかかわらず、当然にそれらの内容が実施されると誤解させるような表示をしていないこと。

	賃貸住宅の維持保全に要する費用の分担に関する事項
表示内容	維持保全の費用を負担する者及び当該費用に関するサブリース業者とオーナーの負担割合
留意点	・オーナーが支払うべき維持保全の費用について、実際のものよりも著しく低額であるかのように誤解させるような表示をしていないこと。

特定賃貸借契約の解除に関する事項	
表示内容	契約期間中の解約リスク、更新拒絶リスク（借地借家法第28条の解約の申入れ、更新拒絶）、契約終了時の転貸人の地位の承継等
留意事項	・契約期間中であっても業者から解約することが可能であるにもかかわらずその旨を記載せずに、「30年一括借り上げ」「契約期間中、借り上げ続けます」「建物がある限り借り続けます」といった表示をしていないこと。 ・実際には借地借家法が適用され、オーナーからは正当事由がなければ解約できないにもかかわらず、「いつでも自由に解約できます」と表示していないこと。 ・実際には、契約を解除するには月額家賃の数か月分を支払う必要があるにもかかわらずその旨を記載せずに、「いつでも借り上げ契約は解除できます」と表示していないこと。

⑶ 広告という観点から見た表示に関する留意事項

　マスターリース契約の広告には、広告する内容、とりわけその契約条件やメリット等を顧客に訴求するための「強調表示」と、その反面の強調事象の例外等を示す「打消し表示」を適正に行う必要がある。

ア．強調表示

マスターリース契約のオーナーになろうとする者に対し、契約内容であるマスターリース契約に関する取引条件のメリットや有利性を訴求する方法として、目立つ表現、断定的な表現を用いて当該マスターリース契約の取引条件を強調して表示することがある。これを「強調表示」という。強調表示を行うこと自体は、その表示が無条件、無制約にあてはまる場合で事実に反するものでない限りは問題となるものではない。

イ．打ち消し表示

強調表示した内容に、実際には一定の条件や制約等の例外がある場合には、強調表示をしただけではサブリース業者に有利な事項についてのみが強調され、オーナーになろうとする者はそれが無条件・無制約に当てはまる絶対的なものだと誤認する恐れがある。このため、強調表示からは通常は予期できない例外条件、制約条件があり、マスターリース契約を選択するに当たり重要な考慮要素となるものに関する表示を「打消し表示」という。

　例えば、マスターリース期間内に定期的な家賃の見直しや借地借家法に基づく、サブリース業者からの賃料減額請求が可能であるにもかかわらず、「○年家賃保証！」「家賃は契約期間内確実に保証されます。」といった表示をすると、その表示は、サブリース期間内は合意した家賃収入が保証されているかのように誤解される恐れのある強調表示と考えられる。このため、マスターリース期間内に定期的な家賃の見直しがある事実、あるいは、借地借家法に基づくサブリース業者からの賃料減額請求があり得る事実が打消し表示となるが、打消し表示を適切に行わなければ、強調表示は<u>不当表示（有利誤認・優良誤認表示）</u>となってしまうため、打消し表示の内容が正しく認識されるよう、わかりやすく適正に行わなければならないとされている。

ウ. 広告表示に関する重要なチェックポイント

媒体ごとの留意点	
紙面広告	・打消し表示は、強調表示に隣接した箇所に表示した上で、文字の大きさのバランス、色、背景等から両者を一体として認識できるように表示されているか。
Web広告 (PC/スマート フォン)	・強調表示に隣接した箇所に打消し表示を表示しているか。 ・同一画面にある他の表示と比べて、打消し表示がより注意を引きつける文字の大きさになっているか。 ・打消し表示は、強調表示に隣接した箇所に表示した上で、文字の大きさのバランス、色、背景等から両者を一体として認識できるよう表示されているか。
動画広告	・打消し表示が表示される時間が短く、読み終えることができないような表示になっていないか。 ・強調表示が表示された後、画面が切り替わって打消し表示が表示され、打消し表示に気づかない、又はどの強調表示に対する打消し表示であるか認識できないような表示になっていないか。 ・文字と音声の両方で表示された強調表示に注意が向けられ、文字のみで表示された打消し表示に注意が向かないような表示になっていないか。

【あくまで個人の感想であるとして体験談を用いることの問題点】

　広告表示には、個人の体験談をもちいることが良く行われている。その際には、各業界の規制法規に抵触しないように、個人の体験談を表示した後、「あくまで個人の感想です。○○の効能を保証するものではありません。」との打消し表示と思われるものが同時に表示されている広告はよく見受けられるところである。

　体験談を用いる広告の可否は、それぞれの業界の実情によるものと思われるが、少なくとも賃貸住宅経営においては、賃貸住宅の立地等の個別の条件が大きな影響を与えるものであり、マスターリース契約においては個別性を

考慮しなければならないはずであるにもかかわらず、体験談を含めた表示全体から、大多数の人がマスターリース契約を締結することで同じようなメリットを得られるかのような認識を抱いてしまうことが想定される。このことから、体験談とは異なる賃貸住宅経営の実績となっている事例が一定数存在する場合等には、たとえ「個人の感想です。経営実績を保証するものではありません。」といった打消し表示が明瞭に記載されていたとしても問題のある表示となるおそれがあるため、体験談を用いることは賃貸住宅管理業法第28条違反となる可能性があることに留意すべきである（ガイドライン）。

(4)　「著しく事実に相違する表示」

　「事実に相違する」とは、広告に記載されている内容が実際のマスターリース契約の内容と異なることを指しているが、賃貸住宅管理業法は、このうち「著しく事実に相違する表示」を禁止している。何が「著しく」に該当するかの判断は、同法の趣旨からすれば、一般的には、オーナーとなろうとする者が、広告に記載されていることと事実との相違を知っていれば通常そのマスターリース契約に誘引されないと判断される場合は、「著しく」に該当すると解される。単に、事実と当該表示との相違することの度合いが大きいことのみで判断されるものではない。

　なお、広告表示の解釈は、広告に記載された一つひとつの文言等のみからではなく、表示内容全体からオーナーとなろうとする者が受ける印象・認識により、それが「著しく事実に相違する表示」であるか否かの判断がなされることに留意する必要がある。

(5)　「実際のものよりも著しく優良であり、若しくは著しく有利であると人を誤認させるような表示」

　「実際のものよりも著しく優良であり、若しくは有利であると人を誤認させるような表示」と認められるものとあるが、「著しく」の解釈は前項(4)と同様に解してよいと思われる。したがって、マスターリース契約の内容等についての専門的知識や情報を有していないオーナーを誤認させ、実際のものを知っていれば通常そのマスターリース契約に誘引されないと判断される場

合は、これに当たると考えてよいと思われる。

　なお、「実際のものよりも著しく優良であり、若しくは有利であると人を誤認させる表示」であるか否かの判断に当たっては、広告に記載された一つひとつの文言等のみからではなく、表示内容全体からオーナーとなろうとする者が受ける印象・認識により総合的に判断されることは前項(4)と同様である。

 著しく優良若しくは有利であると誤認させる表示の具体例

賃貸住宅管理業法第28条は誇大広告の禁止について、「著しく」優良若しくは有利であると人を誤認させる表示と規定しているため、優良若しくは有利であることを表示した広告のうち、どのようなものが禁止されるのかにつき、前掲ガイドラインがその具体例を例示している（「ガイドライン」）。

【ガイドラインが摘示している具体例】

(1) **サブリース業者がオーナーに支払う家賃の額、支払期日及び支払方法等の賃貸の条件並びにその変更に関する事項**

❶　減額請求の可能性に言及しないもの

　契約期間内に定期的な家賃の見直しや借地借家法に基づきサブリース業者からの減額請求が可能であるにもかかわらず、その旨を表示せず、「○年家賃保証！」「支払い家賃は契約期間内確実に保証！一切収入が下がりません！」といった表示をして、当該期間家賃収入が保証されているかのように誤解されるような表示をしている。

❷　家賃の見直しについて言及しないもの

ア　「○年家賃保証」という記載に隣接する箇所に、定期的な見直しがあること等のリスク情報について表示せず、離れた箇所に表示している。
イ　実際は記載された期間より短い期間毎に家賃の見直しがあり、収支シミュレーション通りの収入を得られるわけではないにも関わらず、その旨や収支シミュレーションの前提となる仮定（稼働率、家賃変動等）を表示せず、○年間の賃貸経営の収支シミュレーションを表示している。
ウ　実際は記載の期間より短い期間で家賃の改定があるにもかかわらず、オーナーの声として○年間家賃収入が保証されるような経験談を表示している。

❸　広告記載の利回りが実際の利回りと異なるもの

ア　広告に記載された利回りが実際の利回りを大きく上回っている。
イ　利回りを表示する際に、表面利回りか実質利回りかが明確にされていなかったり、表面利回りの場合に、その旨及び諸経費を考慮する必要がある旨を表示していない。

❹　根拠を示さずに有利な内容であると表示するもの

ア　根拠を示さず、「ローン返済期間は実質負担0」といった表示をしている。
イ　根拠のない算出基準で算出した家賃をもとに、「周辺相場よりも当社は高く借り上げます」と表示している。

❺　メリットのみ表示

　「一般的な賃貸経営は2年毎の更新や空室リスクがあるが、サブリースなら不動産会社が家賃保証するので安定した家賃収入を得られます。」といった、サブリース契約のメリットのみを表示している。

(2)　サブリース業者が実施しない業務を表示するもの

❶　実際には実施しない維持保全方法を表示するもの

　賃貸住宅の維持保全の実施方法として、実際にはサブリース業者が実施しない維持保全の業務を実施するかのような表示をしている。

❷　実際には実施しないサービスを表示するもの

　実際は休日や深夜は受付業務のみ、又は全く対応されないにもかかわらず、「弊社では入居者専用フリーダイヤルコールセンターを設け、入居者様に万が一のトラブルも24時間対応しスピーディーに解決します」といった表示をしている。

(3)　賃貸住宅の維持保全の費用の分担に関する事項

❶　実際には毎月オーナーから一定の費用を徴収して原状回復費用に当てているにも関わらず、「原状回復費負担なし」といった表示をしている。

❷　実際には、大規模修繕など一部の修繕費はオーナーが負担するにもかかわらず、「修繕費負担なし」といった表示をしている。

❸　修繕費の大半がオーナー負担にもかかわらず、「オーナーによる維持保全は費用負担を含め一切不要！」といった表示をし、オーナー負担の表示がない。

❹　維持保全の費用について、一定の上限額を超えるとオーナー負担になるにもかかわらず、「維持保全費用ゼロ」といった表示をしている。

❺　維持保全の費用について、実際には、他社でより低い利率の例があるにもかかわらず「月々の家賃総額のわずか○％という業界随一のお得なシステムです」といった表示をしている。

❻　月額費用がかかるにもかかわらず、「当社で建築、サブリース契約を結ばれた場合、全ての住戸に家具家電を設置！入居者の負担が減るので空室リスクを減らせます！」と表示し、月額費用の表示がない。

⑷　マスターリース契約の解除に関する事項

❶　契約期間中であっても業者から解約することが可能であるにもかかわらずその旨を記載せずに、「30年一括借り上げ」「契約期間中、借り上げ続けます」「建物がある限り借り続けます」といった表示をしている。

❷　実際には借地借家法が適用され、オーナーからは正当事由がなければ解約できないにもかかわらず、「いつでも自由に解約できます」と表示している。

❸　実際には、契約を解除する場合は、月額家賃の数か月を支払う必要があるにもかかわらずその旨を記載せずに、「いつでも借り上げ契約は解除できます」と表示している。

❸不当な勧誘等の禁止

> **法第29条（不当な勧誘等の禁止）**
>
> 特定転貸事業者等は、次に掲げる行為をしてはならない。
> 一　特定賃貸借契約の締結の勧誘をするに際し、又はその解除を妨げるため、特定賃貸借契約の相手方又は相手方となろうとする者に対し、当該特定賃貸借契約に関する事項であって特定賃貸借契約の相手方又は相手方となろうとする者の判断に影響を及ぼすこととなる重要なものにつき、故意に事実を告げず、又は不実のことを告げる行為
> 二　前号に掲げるもののほか、特定賃貸借契約に関する行為であって、特定賃貸借契約の相手方又は相手方となろうとする者の保護に欠けるものとして国土交通省令で定めるもの

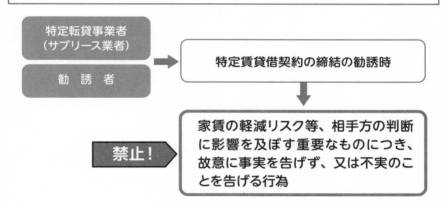

　この規定の趣旨は、サブリース業者又は勧誘者が、誤った情報や不正確な情報を提供してマスターリース契約の締結を勧誘したり、強引な勧誘を行ったり、あるいは、相手方の意思決定をゆがめるような勧誘行為や同様の方法により相手方の契約の解除を妨げるような行為を行うことにより、オーナーとなろうとする者がマスターリース契約についての正しい情報が得られず、また、契約についての正しい判断ができない環境下に置かれることにより、オーナーとなろうとする者に対しては、甚大な損害を与えることになりかねない。このため、賃貸住宅管理業法第29条は、サブリース業者や勧誘者（同条はこの２者を併せて「サブリース業者等」と略称している。）に対し、一定の勧誘行為を禁止したものである。

(1)　「特定賃貸借契約の締結の勧誘をするに際し」

　この要件は、オーナーとなろうとする者が未だ特定転貸事業者（サブリース業者）との間のマスターリース契約を締結すべきか否かの意思決定をしていない段階で、サブリース業者等が、当該相手方とマスターリース契約を締結することを目的として、又は当該者相手方に契約を締結させる意図の下に働きかけることをいう。当該相手方の判断に影響を及ぼすこととなる重要なものについて事実の不告知・不実告知があれば足り、実際に当該者が契約を締結したか否かは問わない。

(2)　「解除を妨げるため」

　オーナーのマスターリース契約を解除する意思を翻させたり、断念させたりする行為がこれに該当する。これ以外にも、契約の解除の期限を徒過するよう仕向けたり、その実現を阻止する目的又は意図の下に行うことをいう。上記と同様、実際にオーナーが契約解除を妨げられたか否かは問わない。

(3)　「特定賃貸借契約の相手方又は相手方となろうとする者の判断に影響を及ぼすこととなる重要なもの」

　オーナー又はオーナーとなろうとする者にとって、サブリース業者とマスターリース契約を締結するか否かの判断に影響を及ぼすものは、マスターリース契約を締結することによって得られるメリットがどれだけあるかということと、当該マスターリース契約により、いかなる不利益が想定されるかということである。

　サブリース業者がオーナーに支払う家賃の額等の賃貸の条件やその変更（家賃の増減額）に関する事項、サブリース業者が行う賃貸住宅の維持保全の内容及び実施方法、契約期間に発生する維持保全、長期修繕等の費用負担に関する事項、契約の更新又は解除に関する事項等について、当該事項を告げない、又は事実と違うことを告げることによって相手方等の不利益に直結するものがこれに該当する。

(4)　「故意に事実を告げず、又は不実のことを告げる行為」

①　「故意に事実を告げず」

　「故意に事実を告げず」とは、事実を認識しているにもかかわらず、あえてこれを告げない行為をいう。マスターリース契約の締結の勧誘にあたり、オーナーとなろうとする者に<u>不利益な事実を知っているのに、わざとその事実を告げないこと</u>がこれに該当する。

②　「故意に不実のことを告げる行為」

　「故意に不実のことを告げる行為」とは、事実でないことを認識していながらあえて事実に反することを告げる行為をいう。違反した場合における賃貸住宅管理業法に基づく指示、命令は故意になされた場合に限るものとされている。

　ただし、「故意に」とは内面の心理状態を示す主観的要件ではあるが、客観的な事実によって故意の存在はある程度推認されることとなる。例えば、サブリース業者であれば当然に知っていると思われる事項を告げないような場合については、「故意」の存在が推認されることになると考えられる。

　この点、「サブリース事業に係る適正な業務のためのガイドライン」においては、<u>客観的に判断して、オーナー等の判断に影響を及ぼすこととなる重要なものについて事実の不告知・不実告知に該当すると考えられる場合</u>を例示している。

不当勧誘行為の具体例

ア．故意に事実を告げない行為

・将来の家賃減額リスクがあること、契約期間中であってもサブリース業者から契約解除の可能性があることや借地借家法の規定によりオーナーからの解約には正当事由が必要であること、オーナーの維持保全、原状回復、大規模修繕等の費用負担があること等について、あえて伝えず、サブリース事業のメリットのみ伝えるような勧誘行為

・家賃見直しの協議で合意できなければ契約が終了する条項や、一定期間経過ごとの修繕に応じない場合には契約を更新しない条項がありそれを勧誘時に告げない（サブリース業者側に有利な条項があり、これに応じない場合には一方的に契約を解除される）

・サブリース契約における新築当初の数ヶ月間の借り上げ賃料の支払い免責期間があることについてオーナーとなろうとする者に説明しない

イ．故意に不実のことを告げる行為

・借地借家法により、オーナーに支払われる家賃が減額される場合があるにもかかわらず、断定的に「都心の物件なら需要が下がらないのでサブリース家賃も下がることはない」「当社のサブリース方式なら入居率は確実であり、絶対に家賃保証できる。」「サブリース事業であれば家賃100％保証で、絶対に損はしない」「家賃収入は将来にわたって確実に保証される」といったことを伝える行為

・原状回復費用をオーナーが負担する場合もあるにもかかわらず、「原状回復費用はサブリース会社が全て負担するので、入退去で大家さんが負担することはない」といったことを伝える行為

・大規模な修繕費用はオーナー負担であるにもかかわらず、「維持修繕費用は全て事業者負担である」といったことを伝える行為

・近傍同種の家賃よりも明らかに高い家賃設定で、持続的にサブリース事業を行うことができないにもかかわらず、「周辺相場よりも当社は高く借り上げることができる」といったことを伝える行為

・近傍同種の家賃よりも著しく低い家賃であるにもかかわらず、「周辺相場を考慮すると、当社の借り上げ家賃は高い」といったことを伝える行為

94

(5) 特定賃貸借契約の相手方又は相手方となろうとする者の保護に欠けるもの

① マスターリース契約を締結若しくは更新させ、又はマスターリース契約の申込みの撤回若しくは解除を妨げるため、オーナー等を威迫する行為

　威迫する行為とは、脅迫とは異なり、相手方に恐怖心を生じさせるまでは要しないが、相手方に不安の念を抱かせる行為が該当する。例えば、相手方に対して、「なぜ会わないのか」、「契約しないと帰さない」などと声を荒げ、面会を強要したり、拘束するなどして相手方を動揺させるような行為が該当する。

② マスターリース契約の締結又は更新についてオーナー等に迷惑を覚えさせるような時間に電話又は訪問により勧誘する行為

ア　「迷惑を覚えさせるような時間」については、オーナー等の職業や生活習慣等に応じ、個別に判断されるものであるが、一般的には、オーナー等に承諾を得ている場合を除き、特段の理由がなく、午後9時から午前8時までの時間帯に電話勧誘又は訪問勧誘を行うことは、「迷惑を覚えさせるような時間」の勧誘に該当する。

イ　電話勧誘又は訪問勧誘を禁止しているものであることから、例えば、オーナー等が事務所に訪問した場合など、これら以外の勧誘を「迷惑を覚えさせるような時間」に行ったとしても本規定の禁止行為の対象とはならない。

③ マスターリース契約の締結又は更新について深夜又は長時間の勧誘その他の私生活又は業務の平穏を害するような方法によりオーナー等を困惑させる行為

　「オーナー等を困惑させる行為」については、個別の事例ごとに判断がなされるものであるが、深夜勧誘や長時間勧誘のほか、例えば、オーナー等が勤務時間中であることを知りながら執ような勧誘を行ってオーナー等を困惑させることや面会を強要してオーナー等を困惑させることなどが該当する。

④ マスターリース契約の締結又は更新をしない旨の意思（当該契約の締結
又は更新の勧誘を受けることを希望しない旨の意思を含む。）を表示した
オーナー等に対して執ように勧誘する行為

ア 「契約の締結又は更新をしない旨の意思」は、口頭であるか、書面であ
るかを問わず、契約の締結又は更新の意思がないことを明示的に示すもの
が該当する。具体的には、オーナー等が「お断りします」、「必要ありませ
ん」、「結構です」、「関心ありません」、「更新しません」など明示的に契約
の締結又は更新意思がないことを示した場合が該当するほか、「（当該勧誘
行為が）迷惑です」など、勧誘行為そのものを拒否した場合も当然該当す
ることとなる。

イ オーナー等がマスターリース契約を締結しない旨の意思表示を行った場
合には、引き続き勧誘を行うことのみならず、その後、改めて勧誘を行う
ことも「勧誘を継続すること」に該当するので禁止される。同一のサブ
リース業者の他の担当者による勧誘も同様に禁止される。

ウ 電話勧誘又は訪問勧誘などの勧誘方法、自宅又は会社などの勧誘場所の
如何にかかわらず、オーナー等が「契約を締結しない旨の意思」を表示し
た場合には、意思表示後に再度勧誘する行為は禁止され、一度でも再勧誘
行為を行えば本規定に違反することとなる。

(6) マスターリース契約勧誘の際に賃貸住宅の敷地売買や建設請負契約が伴う場合の勧誘の留意点

すでに賃貸住宅用の土地建物を所有しているオーナーとの間でサブリース
のために建物の賃貸を受ける場合とは異なって、いわゆる総合受託方式
（オーナーとなろうとする者が賃貸住宅を建設する敷地を購入してから、そ
の土地上に賃貸住宅の建設を予定している場合）や賃貸受託方式（オーナー
となろうとする者が敷地はすでに所有しているが、同土地上にこれから賃貸
住宅の建設を行おうとしている場合）、あるいはオーナーとなろうとする者
が賃貸住宅のための土地建物を購入してサブリース事業を営むことを検討し
ている場合のマスターリース契約の締結の勧誘は、特に留意する必要があ

る。何故なら、勧誘時にはマスターリース契約の締結の可否に関する重要な事項を告げず、建設請負契約や売買契約を締結した後に、マスターリース契約の判断に影響を及ぼす重要な事項を開示しても、すでにその時点でオーナーとなろうとする者には、建設請負契約や売買契約に基づく多額の債務が発生してしまった後だからである。

　したがって、このような場合のサブリース業者又は勧誘者は、マスターリース契約の勧誘を行う場合には、マスターリース契約のリスクを含めた重要な事実を正確に説明し、勧誘の時点でオーナーとなろうとする者がマスターリース契約のリスクを十分に認識できるようにすることが極めて重要である。その際には、サブリース業者が重要事項説明の際に使用するマスターリース契約を締結する上でのリスク事項を記載した書面（巻末資料の**「重要事項説明書記載例の第一面」**を交付して説明することが望ましい。

4 契約締結前の重要事項の説明及び書面交付

> **法第30条（特定賃貸借契約の締結前の書面の交付）**
>
> 　　特定転貸事業者は、特定賃貸借契約を締結しようとするときは、特定賃貸借契約の相手方となろうとする者（特定転貸事業者である者その他の特定賃貸借契約に係る専門的知識及び経験を有すると認められる者として国土交通省令で定めるものを除く。）に対し、当該特定賃貸借契約を締結するまでに、特定賃貸借契約の内容及びその履行に関する事項であって国土交通省令で定めるものについて、書面を交付して説明しなければならない。
> 2　特定転貸事業者は、前項の規定による書面の交付に代えて、政令で定めるところにより、当該特定賃貸借契約の相手方となろうとする者の承諾を得て、当該書面に記載すべき事項を電磁的方法により提供することができる。この場合において、当該特定転貸事業者は、当該書面を交付したものとみなす。

(1)　特定賃貸借における重要事項説明書の意義

　サブリース事業において、オーナーとなろうとする者は、前述したように、賃貸住宅事業の経験や専門知識が豊富とはいえないことが少なくなく、「家賃保証」「満室保証」とチラシに記載されていても、法的には賃料の減額請求がなされることがあり得ることや、契約期間中であってもサブリース

業者からの解約がなされる可能性や、賃貸人からの期間内解約は正当事由を具備しなければならないことに気づかないままマスターリース契約を締結した結果、オーナーとサブリース業者との間で大きなトラブルが多発している。

　このため、賃貸住宅管理業法では、オーナーとなろうとする者がマスターリース契約の内容を正しく理解しリスクを十分認識したうえで、適切なリスク判断のもとでマスターリース契約を締結することができる環境を整えるため、契約締結に先立って、オーナーとなろうとする者に対し、マスターリース契約締結に当たり国土交通省令で定められた重要な事項を記載した書面を交付し、説明することを義務付けたものである。賃貸住宅管理業法の特定賃貸借契約（マスターリース契約）に関する規定の中でも最も重要な規定の一つであり、この重要事項説明を適正に行うことが求められているものである。ガイドラインに示されている重要事項説明書の記載事項は以下のとおりである。

(2)　重要事項説明書の記載・説明事項

> ①　マスターリース契約を締結するサブリース業者の商号、名称又は氏名及び住所

> ②　マスターリース契約の対象となる賃貸住宅

　これは、マスターリース契約の対象となる賃貸住宅の所在地、物件の名称、構造、面積、住戸部分（部屋番号、住戸内の設備等）、その他の部分（廊下、階段、エントランス等）、建物設備（ガス、上水道、下水道、エレベーター等）、附属設備等（駐車場、自転車置き場等）等について記載し説明する。

> ③　契約期間に関する事項

　契約期間に関しての説明事項は、契約の始期、終期、期間及び契約の類型（普通借家契約、定期借家契約）であり、これを記載し説明する。

契約期間の重要事項説
明で特に留意すべきこと

契約期間は家賃が固定される
期間ではないことを記載し説明
すること！

> ④ マスターリース契約の相手方に支払う家賃の額、支払期日、支払方法等
> の条件並びにその変更に関する事項

　この項目は特に重要な項目である。マスターリース契約のオーナーになろ
うとする者が誤解しやすい箇所が多いからである。

　特に注意することは、「その変更に関する事項」である。マスターリース
契約では、「○十年間家賃保証」との謳い文句が用いられる場合があるが、
オーナーとしては○十年間は契約で合意した賃料額が確実に保証されたもの
と思い込むことが多い。しかし、賃料について見直し期間が設けられている
場合などの賃料の変更に関する事項を説明しておかないとトラブル発生の要
因となりかねない。

　同じく、「賃料は減額しません。」と契約書に記載したとしても、借地借家
法第32条の要件に該当すれば、法的には賃料減額請求が可能である。サブ
リースの場合には、約定の賃料が減額されるとは考えていないオーナーは少
なくない。サブリースの一形態である特定優良賃貸住宅（いわゆる「特優
賃」）においても、オーナーは賃借人となる住宅供給公社等から賃料減額請
求があり得ることを認識していないケースは少なくなかった。賃料減額請求
があり得ることを含め、「変更に関する事項」はオーナーが正しく理解でき
るように説明する必要がある。

ア 家賃の額等	まず、サブリース業者がオーナーに支払う家賃の額、支払期限、支払い方法、家賃改定日等について記載し、説明する（家賃の他、敷金がある場合も同様とする）。
イ 家賃の設定根拠	また、家賃は額を示すだけではなく、サブリース業者がオーナーに支払う家賃の設定根拠について、近傍同種の家賃相場を示すなどして記載し、説明することが求められている。
ウ 契約期間中の家賃の変更	契約期間が長期である場合などにおいて、オーナーが当初の家賃が契約期間中変更されることがないと誤認しないよう、家賃改定のタイミングについて説明し、当初の家賃が減額される場合があることを記載し、説明する。
エ 家賃改定日以外の賃料額の変更	契約において、家賃改定日が定められていると、オーナーはその日以外には賃料は変更されることがないと思いがちである。しかし、法律上は、その日以外でも、借地借家法第32条に基づく減額請求ができるため、そのことについても記載し、説明する。（詳細は⑭）
オ 免責期間	入居者の新規募集や入居者退去後の募集に、一定の時間がかかるといった理由から、サブリース業者がオーナーに支払う家賃の支払いの免責期間を設定することがあるが、その場合は、その旨を記載し、説明する。

---

⑤　サブリース業者が行う賃貸住宅の維持保全の実施方法

ａ．維持保全の回数・頻度

　サブリース業者が行う維持保全の内容について、回数や頻度を明示して可能な限り具体的に記載し、説明すること。

ｂ．維持保全の内容

　「賃貸住宅の維持保全」とは、居室及び居室の使用と密接な関係にある住宅のその他の部分である、玄関・通路・階段等の共用部分、居室内外の電気設備・水道設備、エレベーター等の設備等について、点検・清掃等の維持を行い、これら点検等の結果を踏まえた必要な修繕を一貫して行うことをいう。

　例えば、定期清掃業者、警備業者、リフォーム工事業者等が、維持又は修繕の「いずれか一方のみ」を行う場合や、エレベーターの保守点検・修繕を行う事業者等が、賃貸住宅の「部分のみ」について維持から修繕までを一貫して行う場合、入居者からの苦情対応のみを行い維持及び修繕（維持・修繕業者への発注等を含む。）を行っていない場合は、賃貸住宅の維持保全には該当しない。水道設備、エレベーター、消防設備等の設備の点検・清掃等、点検等の結果を踏まえた必要な修繕等が考えられる。

ｃ．苦情等への対応

　賃貸住宅の維持保全と併せて、入居者からの苦情や問い合わせへの対応を行う場合は、その内容についても可能な限り具体的に記載し、説明すること。なお、維持又は修繕のいずれか一方のみを行う場合や入居者からの苦情対応のみを行い維持及び修繕（維持・修繕業者への発注等を含む。）を行っていない場合であっても、その内容を記載し、説明することが望ましい。

⑥　サブリース業者が行う賃貸住宅の維持保全に要する費用の分担に関する事項

ａ．それぞれの維持や修繕に要する費用の負担について記載

　サブリース業者が行う維持保全の具体的な内容や設備ごとに、オーナー

とサブリース業者のどちらが、それぞれの維持や修繕に要する費用を負担するかについて記載し、説明すること。

b．オーナーが費用を負担する事項

特に、オーナーが費用を負担する事項について誤認しないよう、例えば、設備ごとに費用負担者が変わる場合や、オーナー負担となる経年劣化や通常損耗の修繕費用など、どのような費用がオーナー負担になるかについて具体的に記載し、説明すること。

c．修繕の条件等

また、修繕等の際に、サブリース業者が指定する業者が施工するといった条件を定める場合は、必ずその旨を記載し、説明すること。

⑦　マスターリース契約の相手方に対する維持保全の実施状況の報告に関する事項

サブリース業者が行う維持保全の実施状況について、賃貸人に報告する内容やその頻度について記載し、説明すること。

⑧　損害賠償額の予定又は違約金に関する事項

引渡し日に物件を引き渡さない場合や家賃が支払われない場合等の債務不履行や契約の解約の場合等の損害賠償額の予定又は違約金を定める場合はその内容を記載し、説明すること。

⑨　責任及び免責に関する事項

ア　天災等による損害等、サブリース業者が責任を負わないこととする場合は、その旨を記載し、説明すること。

イ　オーナーが賠償責任保険等への加入をすることや、その保険に対応する損害についてはサブリース業者が責任を負わないこととする場合は、その旨を記載し、説明すること。

⑩　転借人の資格その他の転貸の条件に関する事項

反社会的勢力への転貸の禁止や、学生限定等の転貸の条件を定める場合は、その内容について記載し、説明すること。

⑪　転借人に対する⑤の内容の周知に関する事項・サブリース業者が転借人に対して周知を行う以下に掲げる維持保全の内容についてどのような方法（対面での説明、書類の郵送、メール送付等）で周知するかについて記載し、説明すること

a．サブリース業者が行う維持保全の具体的な内容

　サブリース業者が行う維持保全の具体的な内容（住戸や玄関、通路、階段等の共用部分の点検・清掃等、電気設備、水道設備、エレベーター、消防設備等の設備の点検・清掃等、点検等の結果を踏まえた必要な修繕等）、その実施回数や頻度について記載し、説明する。

b．苦情等への対応

　サブリース業者が行う入居者からの苦情や問い合わせへの対応の具体的な内容（設備故障・水漏れ等のトラブル、騒音等の居住者トラブル等）、対応する時間、連絡先を記載し、説明する。

⑫　マスターリース契約の更新及び解除に関する事項・オーナーとサブリース業者間における契約の更新の方法（両者の協議の上、更新することができる等）について記載し、説明すること

ア　オーナー又はサブリース業者が、契約に定める義務に関してその本旨に従った履行をしない場合には、その相手方は、相当の期間を定めて履行を催告し、その期間内に履行がないときは、契約を解除することができる旨を記載し、説明すること。

イ　契約の解約の場合の定めを設ける場合は、その内容及び⑧について記載し、説明すること。

ウ　契約の更新拒絶等に関する借地借家法の規定の概要については、⑭の内容を記載し、説明すること。

⑬　マスターリース契約が終了した場合におけるサブリース業者の権利義務の承継に関する事項

ア　入居者の居住の安定を図るため、マスターリース契約が終了した場合、オーナーがサブリース業者の転貸人の地位を承継することとする定めを設け、その旨を記載し、説明すること。

イ　特に、転貸人の地位を承継した場合に、正当な事由なく入居者の契約更新を拒むことはできないこと、サブリース業者の敷金返還債務を承継すること等についてオーナーが認識できるようにすること。

⑭　借地借家法その他マスターリース契約に係る法令に関する事項の概要

　この点は、マスターリース契約を締結しようとするオーナー側が正確な知識を持っていないことが少なくないと思われるものであり、しっかりと説明する必要がある。

a．借地借家法第32条第１項（借賃増減請求権）について

　マスターリース契約を締結する場合、借地借家法第32条第１項（借賃増減請求権）が適用されるため、サブリース業者がオーナーに支払う家賃が、変更前の家賃額決定の要素とした事情等を総合的に考慮したうえで、

❶　土地又は建物に対する租税その他の負担の増減により不相当となったとき
❷　土地又は建物の価格の上昇又は低下その他の経済事情の変動により不相当となったとき
❸　近傍同種の建物の借賃に比較して不相当となったとき

は、契約の条件にかかわらず、サブリース業者は家賃を相当な家賃に減額することを請求することができること及び空室の増加やサブリース業者の経営状況の悪化等が生じたとしても、上記❶〜❸のいずれかの要件を充足しない限りは、同条に基づく減額請求はできないことを記載し、説明すること。
ア　特に、契約において、

・家賃改定日が定められている場合
・一定期間サブリース業者から家賃の減額はできないものとする
・○年間は家賃の減額をできないものとする
・オーナーとサブリース業者が合意の上家賃を改定する

　等の内容が契約に盛り込まれていた場合であっても、借地借家法第32条第１項に基づき、サブリース業者からの家賃の減額請求はできることを記載して説明し、オーナーが、これらの規定により、サブリース業者からの家

賃減額はなされないと誤認しないようにすること。

イ　さらに、借地借家法に基づき、サブリース業者は減額請求をすることができるが、オーナーは必ずその請求を受け入れなければならないわけでなく、オーナーとサブリース業者との間で、変更前の家賃決定の要素とした事情を総合的に考慮した上で、協議により相当家賃額が決定されることを記載し、説明すること。

なお、家賃改定額について合意に至らない場合は、最終的には訴訟によることとなる。借地借家法に基づく家賃減額請求権の行使が認められた平成15年10月23日の最高裁判決においては、「家賃減額請求の当否や相当家賃額を判断するに当たっては、<u>賃貸借契約の当事者が家賃額決定の要素とした事情を総合考慮</u>すべきであり、特に本件契約においては、<u>上記の家賃保証特約の存在や保証家賃額が決定された事情をも考慮</u>すべきである。」とされ、その後の差戻審において、「被控訴人が本件の事業を行うに当たって考慮した<u>予想収支、それに基づく建築資金の返済計画をできるだけ損なわないよう配慮して相当家賃額を決定しなければならないというべきである。</u>」と判断されていることに留意されたい。

b．借地借家法第28条（更新拒絶の要件）について

> b−1　普通借家契約としてマスターリース契約を締結する場合、借地借家法第28条（更新拒絶等の要件）が適用されるため、オーナーから更新を拒絶する場合

ア　オーナー及びサブリース業者（転借人（入居者）を含む）が建物の使用を必要とする事情

イ　建物の賃貸借に関する従前の経過

ウ　建物の利用状況及び建物の現況並びにオーナーが建物の明渡しの条件として又は建物の明渡しと引換えにサブリース業者（転借人（入居者）を含む）に対して財産上の給付をする旨の申出をした場合におけるその申出を考慮して、正当の事由があると認められる場合でなければすることができない旨を記載し、説明すること。

> b－2　特に、契約において、オーナーとサブリース業者の協議の上、更新
> することができる等の更新の方法について定められている場合

　オーナーが、自分が更新に同意しなければ、サブリース業者が更新の意思
を示していても、契約を更新しないことができると誤認しないようにするこ
と。

c．借地借家法第38条（定期建物賃貸借）について

> C－1　定期借家契約としてマスターリース契約を締結する場合、家賃は減
> 額できないとの特約を定めることにより、借地借家法第32条の適用は
> なく、サブリース業者から家賃の減額請求はできないことを記載し、
> 説明すること

> C－2　定期借家契約としてマスターリース契約を締結する場合、契約期間
> の満了により、契約を終了することとできることを記載し、説明する
> こと

> C－3　定期借家契約としてマスターリース契約を締結する場合、オーナー
> からの中途解約は、原則としてできないことを記載し、説明すること

　なお、契約期間中に上記①〜⑭に掲げる事項に変更があった場合には、少
なくとも変更のあった事項について、当初契約締結前の特定賃貸借重要事項
説明を同様の方法により、賃貸人に対して書面の交付を行った上で説明する
こととする。

　上記が国土交通省令が定める重要事項説明事項であり、ガイドラインが定
めている内容である。実際の便宜に供するため、ガイドライン別添の**「特定
賃貸住宅　重要事項説明書〈記載例〉」【資料2】**を巻末に掲載しているので
参照されたい。

(3)　重要事項は誰が説明するのか

　賃貸住宅管理業法においては、サブリース業者が、重要事項をどのような
者に説明をさせなければならないかについて法律上の定めはない。

　しかし、賃貸住宅管理業法は、正確な情報を適切に説明することで、オー

ナーとなろうとする者が十分に理解をした上で契約締結の意思決定ができるようにするために重要事項の説明を必要としたものであることに鑑みると、一定の実務経験を有する者や賃貸不動産経営管理士（一般社団法人賃貸不動産経営管理士協議会の「賃貸不動産経営管理士資格制度運営規程」に基づく登録を受けている者）など専門的な知識及び経験を有する者によって説明が行われることが望ましいと考えられている。

(4)　重要事項の説明は何時行うか

　賃貸住宅管理業法第30条は、重要事項説明は「当該特定賃貸借契約を締結するまでに」説明しなければならないと定めている。「契約を締結するまでに」との文言からすると、特定賃貸借契約（マスターリース契約）を締結するより前であればよいとも読めないではない。定期建物賃貸借に関する借地借家法第38条2項は、賃貸人が定期建物賃貸借契約を締結しようとするときは、「建物の賃貸人は、<u>あらかじめ、</u>建物の賃借人に対し、同項の規定による建物の賃貸借は契約の更新がなく、期間の満了により当該建物の賃貸借は終了することについて、その旨を記載した書面を交付して説明しなければならない。」と定められているところ、定期建物賃貸借契約の締結と、この説明書面を交付しての説明が、さほどの期間をおかずになされた事案において、借地借家法第38条第2項は、賃借人に定期建物賃貸借が通常の賃貸借と異なるものであることを認識させ理解させるために賃貸人に説明義務を課したものであるから、賃借人が十分に理解するためには、書面を交付しての説明は、定期建物賃貸借契約の締結よりも相当期間をおいてなされていない限り定期建物賃貸借契約は無効であると主張し、訴訟が提起されたこともあるが、裁判例は、「あらかじめ」書面を交付して説明がなされていれば足りるとして、特に何日前でなければならないとの判断は示していない。

　国土交通省は、特定賃貸借契約締結前の重要事項説明の重大な意義に鑑み、説明から契約締結までに1週間程度の期間をおくことがのぞましいとしている。仮に、説明から契約締結までの期間を短くせざるを得ない場合には、事前に重要事項説明書を送付しておき、その送付から一定期間経過後に説明を実施する等、オーナーとなろうとする者が管理委託契約の締結の判断

をするまでに十分な時間を取ることを推奨している。特定賃貸借契約の内容については、定期建物賃貸借に関する借地借家法第38条第2項書面に比べ説明事項が多岐にわたっていることや、オーナーが理解し認識すべき事項が複雑であることからみても妥当な判断であると思われる。

(5) 説明の相手方の知識、経験、財産の状況等に応じた説明

　サブリース業者は、相手方が賃貸住宅管理業法第30条の重要事項説明の対象となる場合は、その者がマスターリース契約について一定の知識や経験があったとしても、重要事項説明義務を負うのだろうか。ガイドラインでは、相手方がマスターリース契約について一定の知識や経験があったとしても、前記(2)に掲げる重要事項を書面に記載し十分な説明をすることが必要であるとしている。

　その上で、説明の相手方の知識、経験、財産の状況、賃貸住宅経営の目的やリスク管理判断能力等に応じた説明を行うことが望ましいとしており、説明の相手方の属性やこれまでの賃貸住宅経営の実態を踏まえて、以下の点に留意して、説明を行うこととしている。

❶　説明の相手方の賃貸住宅経営の目的・意向を十分確認すること
❷　説明の相手方の属性や賃貸住宅経営の目的等に照らして、マスターリース契約のリスクを十分に説明すること
❸　説明の相手方が高齢の場合は、過去に賃貸住宅経営の経験が十分にあったとしても、身体的な衰えに加え、短期的に判断能力が変化する場合もあることから、説明の相手方の状況を踏まえて、慎重な説明を行うこと

5 契約締結時における書面交付

法第31条（特定賃貸借契約の締結時の書面）

　　特定転貸事業者は、特定賃貸借契約を締結したときは、当該特定賃貸借契約の相手方に対し、遅滞なく、次に掲げる事項を記載した書面を交付しなければならない。
一　特定賃貸借契約の対象となる賃貸住宅
二　特定賃貸借契約の相手方に支払う家賃その他賃貸の条件に関する事項
三　特定転貸事業者が行う賃貸住宅の維持保全の実施方法
四　契約期間に関する事項
五　転借人の資格その他の転貸の条件に関する事項
六　契約の更新又は解除に関する定めがあるときは、その内容
七　その他国土交通省令で定める事項
2　前条第2項の規定は、前項の規定による書面の交付について準用する。

(1)　規定の趣旨

　マスターリース契約の内容は、❶家賃その他賃貸の条件、❷維持保全の実施方法や費用分担、❸契約期間、❹契約解除の条件など多岐にわたる複雑なものとなる。オーナーとなろうとする者が、契約締結後に契約内容や条件を確認できるよう、サブリース業者に対し、契約締結時に相手方に必要な事項を記載した書面を交付することを義務付け、当事者間の認識の相違による紛争の発生防止を図ることとしたものである。

(2)　特定賃貸借契約の締結時の書面の記載事項

　サブリース業者は、契約締結時に以下の記載事項を書面に記載し、交付しなければならないとされている。

　下記の記載事項が記載された契約書であれば、当該契約書をもってこの書面とすることができる。なお、国土交通省が別途定める特定賃貸借標準契約書には、これらの事項が記載されているので本書巻末の【資料2】を参照にされたい。

【特定賃貸借契約の締結時の書面の記載事項】

❶ マスターリース契約を締結するサブリース業者の商号、名称又は氏名及び住所
❷ マスターリース契約の対象となる賃貸住宅
❸ 契約期間に関する事項
❹ マスターリース契約の相手方に支払う家賃その他賃貸の条件に関する事項
❺ サブリース業者が行う賃貸住宅の維持保全の実施方法
❻ サブリース業者が行う賃貸住宅の維持保全に要する費用の分担に関する事項
❼ マスターリース契約の相手方に対する維持保全の実施状況の報告に関する事項
❽ 損害賠償額の予定又は違約金に関する定めがあるときは、その内容
❾ 責任及び免責に関する定めがあるときは、その内容
❿ 転借人の資格その他の転貸の条件に関する事項
⓫ 転借人に対するサブリース業者が行う賃貸住宅の維持保全の実施方法の周知に関する事項
⓬ 契約の更新又は解除に関する定めがあるときは、その内容
⓭ マスターリース契約が終了した場合におけるサブリース業者の権利義務の承継に関する事項

(3) 契約締結時の書面交付に IT を活用する場合

　昨今では、契約の相手方に対する書面等は迅速に提供することが多く行われるようになっている。感染症等の拡大によりＩＴの活用も多く行われているところであり、サブリース業者は、契約締結時書面の交付に代えて、当該書面に記載すべき事項を電磁的方法により提供することも可能である、ただし、マスターリース契約の相手方となろうとする者の承諾を得ていることが前提条件であることに留意されたい。その際、同書面の交付は、契約締結後に契約内容や条件を確認することで、当事者間の認識の相違による紛争の発生防止を図るために契約締結時の書面交付義務をサブリース業者に課したという趣旨を踏まえ、以下の点に留意すべきものとされている。

① 電磁的方法により提供する際の相手方の承諾
　電磁的方法により提供しようとする場合は、相手方がこれを確実に受け取れるように、用いる方法（電子メール、WEB からのダウンロード、CD-ROM 等）やファイルへの記録方法（使用ソフトウェアの形式やバージョン等）を示した上で、電子メール、WEB による方法、CD-ROM 等相手方が承諾したことが記録に残る方法で承諾を得ること。

②　電磁的方法で提供する場合の留意事項

　電磁的方法で提供する場合、出力して書面を作成でき、改変が行われていないか確認できることが必要である。例えば、電子署名等の活用も考えられる。

6 書類の閲覧

　特定転貸事業者（サブリース業者）は、事業年度ごとに当該事業年度経過後3月以内に業務及び財産の状況を記載した書類を作成し、営業所又は事務所に備え置く必要があり、希望があったオーナー等による場合は閲覧に応じる必要があります。

法第32条（書類の閲覧）

　特定転貸事業者は、国土交通省令で定めるところにより、当該特定転貸事業者の業務及び財産の状況を記載した書類を、特定賃貸借契約に関する業務を行う営業所又は事務所に備え置き、特定賃貸借契約の相手方又は相手方となろうとする者の求めに応じ、閲覧させなければならない。

---

7 指示

法第33条（指示）

　国土交通大臣は、特定転貸事業者が第28条から前条までの規定に違反した場合又は勧誘者が第28条若しくは第29条の規定に違反した場合において特定賃貸借契約の適正化を図るため必要があると認めるときは、その特定転貸事業者に対し、当該違反の是正のための措置その他の必要な措置をとるべきことを指示することができる。

2　国土交通大臣は、勧誘者が第28条又は第29条の規定に違反した場合において特定賃貸借契約の適正化を図るため必要があると認めるときは、その勧誘者に対し、当該違反の是正のための措置その他の必要な措置をとるべきことを指示することができる。

3　国土交通大臣は、前2項の規定による指示をしたときは、その旨を公表しなければならない。

　国土交通大臣は、特定転貸事業者または勧誘者が誇大広告の禁止、若しくは不当勧誘などの禁止等に違反した場合、是正のための措置等について指示することができ、指示をしたときは、その旨を公表しなければならない。

8 業務の停止

法第34条（特定賃貸借契約に関する業務の停止等）

　　国土交通大臣は、特定転貸事業者が第28条から第32条までの規定に違反した場合若しくは勧誘者が第28条若しくは第29条の規定に違反した場合において特定賃貸借契約の適正化を図るため特に必要があると認めるとき、又は特定転貸事業者が前条第1項の規定による指示に従わないときは、その特定転貸事業者に対し、1年以内の期間を限り、特定賃貸借契約の締結について勧誘を行い若しくは勧誘者に勧誘を行わせることを停止し、又はその行う特定賃貸借契約に関する業務の全部若しくは一部を停止すべきことを命ずることができる。

2　国土交通大臣は、勧誘者が第28条若しくは第29条の規定に違反した場合において特定賃貸借契約の適正化を図るため特に必要があると認めるとき、又は勧誘者が前条第2項の規定による指示に従わないときは、その勧誘者に対し、1年以内の期間を限り、特定賃貸借契約の締結について勧誘を行うことを停止すべきことを命ずることができる。

3　国土交通大臣は、前2項の規定による命令をしたときは、その旨を公表しなければならない。

　　国土交通大臣は、特定転貸事業者が次頁（9 罰則）の第28条から第32条の規定に違反した場合、若しくは勧誘者が同じく第28条、第29条の規定に違反した場合は1年以内の期間で業務の停止を命令することができる。

　　なお、国土交通省は業務停止命令をした場合は、その旨を公表しなければならない。

9 罰則

特定転貸事業者（サブリース業者）又は勧誘者に対する罰則	
6月以下の懲役若しくは50万円以下の罰金、又はこれを併科	①法第29条第1号（不当な勧誘等の禁止、事実不告知・不実告知）違反 ②法第34条第1項（特定転貸事業者に対する業務停止命令等）違反 ③法第34条第2項（勧誘者に対する勧誘停止命令）違反
50万円以下の罰金	①法第30条（契約締結前の書面交付）違反 ②法第31条（契約締結時の書面交付）違反
30万円以下の罰金	①法第28条（誇大広告）違反 ②法第32条（書類の閲覧）違反 ③国土交通大臣の指示（法第33条）違反 ④国土交通大臣による徴収、立ち入り検査（法第36条第1項）違反

特定転貸事業者（サブリース業者）又は勧誘者に対する行政処分	
指示処分	●特定転貸事業者 ①法第28条（誇大広告の禁止）違反 ②法第29条（不当な勧誘等の禁止）違反 ③法第30条（契約締結前の書面の交付）違反 ④法第31条（契約締結時の書面の交付）違反 ⑤法第32条（書類の閲覧）違反
	●勧誘者 ①法第28条（誇大広告の禁止）違反 ②法第29条（不当な勧誘等の禁止）違反
業務停止命令等（特定転貸事業者）	①法第28条（誇大広告の禁止）違反 ②法第29条（不当な勧誘等の禁止）違反 ③法第30条（契約締結前の書面の交付）違反 ④法第31条（契約締結時の書面の交付）違反 ⑤法第32条（書類の閲覧）違反 ⑥指示処分に従わないとき
勧誘訂正命令（勧誘者）	①法第28条（誇大広告）違反 ②法第29条（不当な勧誘等の禁止）違反 ③指示処分に従わないとき

巻末資料

管理受託契約 重要事項説明書 ＜記載例＞

（第一面）

令和○年○月○日

○○　○○　殿（甲）

　第一面に記載した賃貸住宅の管理受託契約の内容等について、賃貸住宅の管理業務の適正化に関する法律第13条の規定に基づき、次のとおり説明します。

> **この書面には、管理受託契約を締結する上での留意点が記載されています。あらかじめよくお読みいただき、ご不明な点はご確認ください。**

(1)管理受託契約を締結する賃貸住宅管理業者の商号等

賃貸住宅管理業者 （乙）	商号（名称）	○○株式会社
	代表者	代表取締役　○○　○○
	住所	○○県○○市○○○－○－○
	連絡先	電話番号○○－○○○○－○○○○
	登録年月日	令和○年○月○日
	登録番号	賃貸住宅管理業者登録番号（　）第　　　　号

説明をする者	氏名	○○　○○
	事務所住所	○○県○○市○○○－○－○
	連絡先	電話番号○○－○○○○－○○○○
	資格	賃貸不動産経営管理士　登録番号（　　　　　）

業務管理者	氏名	○○　○○
	事務所住所	○○県○○市○○○－○－○
	連絡先	電話番号○○－○○○○－○○○○
	証明番号又は 登録番号	（1）0123456

※1 「証明番号又は登録番号」欄については、法施行規則第14条第1号に該当する者については登録証明事業による証明番号を記入し、括弧内に登録証明事業の登録番号（※2）を記入すること。同条第2号に該当する者については宅地建物取引士証の登録番号を記入し、括弧内に登録を受けた都道府県名等を記入すること。

※2 令和2年度までの賃貸不動産経営管理士試験に合格し賃貸不動産経営管理士証の交付を受けた者が移行講習を修了した場合、括弧内の記載及び隣接する箇所に交付済みの移行講習修了証番号を記載すること。

(2)管理業務の対象となる賃貸住宅

建物の 名称・ 所在地等	名　　称	○○ハウス	
	所在地	○○県○○市○○○ー○ー○	
	構造等	軽量鉄骨造　2階建　6戸	
	面　積	敷 地 面 積	○○○.○㎡
		建 築 面 積	○○○.○㎡
		延 べ 面 積	○○○.○㎡
住戸部分		別紙「住戸明細表」に記載の通り	
その他の部分		廊下、階段、エントランス	
建物設備		ガ　　ス	都市ガス
		上　水　道	水道本管より直結
		下　水　道	公共下水
		共聴アンテナ	BS
附属施設等		駐　車　場	有（本契約の対象に含む）
		自転車置場	有（本契約の対象に含む）

117

(3)管理業務の内容及び実施方法・管理業務の一部の再委託に関する事項

実施箇所等		内容・頻度等	乙	委託	委託先
点検・清掃等	玄関・廊下・階段	外観点検　○回/年　清掃···	■	□	
	駐輪場・駐車場	外観点検　○回/年　清掃···	■	□	
	駐車場・自転車置場	外観点検　○回/年　清掃···	■	□	
	ゴミ集積所	外観点検　○回/年　清掃···	■	□	
	照明器具	外観点検　○回/年　清掃···	■	□	
	自動火災報知器	法定点検　○回/年	□	■	○○○○
	消火設備	法定点検　○回/年	□	■	○○○○
	防災設備	外観点検　○回/年	□	■	○○○○
修繕等	見積り・手配	修繕工事の見積り・手配	■	□	
家賃等の徴収等	家賃等の徴収	借主からの家賃等の徴収、引渡し	■	□	
	未収金の督促	未収金リストの作成 滞納者に対し督促状による督促	□	■	○○○○
	管理費用の支払代行	甲が負担する共用部分に係る管理費用の支払代行	■	□	
	敷金の管理	預かり金（債務）として分別管理	■	□	
	敷金等の精算事務	精算書作成、残余金の返還等	■	□	
	更新料の収納	更新料の請求及び督促	■	□	
	報告事務	月次報告書の作成及び報告	■	□	
その他	入居者管理事務	入・退居立会い・室内点検等 入居者からの建物・設備の苦情等への対応 入居者や近隣住民からの苦情対応 入居者の退去手続き対応等 入居募集対応（契約締結業務） 空室管理（定期的な巡回、換気）	□	■	○○○○
	特約業務		■	□	

※実施箇所等の例：点検・清掃（玄関、廊下、階段、駐輪場、駐車場、屋根、外壁、植栽、フェンス、掲示板、駐車場、自転車置場、ゴミ集積所、水道、外灯、照明器具、受水槽、配水管、テレビ共聴設備、自動火災報知器、消火設備、防災設備、防犯設備）、修繕等（見積り・手配等）、その他（入居者からの苦情や問い合わせへの対応等）

※内容の例：法定点検、定期巡回点検、緊急時巡回点検、修繕、修繕業者への発注、設備の管理、清掃（清掃作業の具体的内容）等

(第四面)

(4)甲が乙に支払う報酬並びにその支払の時期及び方法

	金　　額	支　払　期　限	支　払　方　法
管理報酬	家賃及び共益費(管理費)の〇％ （別途、消費税） 　　　　　　　　円	当月分・翌月分を 毎月〇〇日まで 甲への賃料等引渡し時	振込　／　持参

※賃借人からの家賃等から管理報酬を相殺し、甲に送金する場合はその旨を説明し記載すること

(5)乙が甲に引き渡す敷金及び家賃等の時期及び方法

	金　　額	支　払　時　期	支　払　方　法
家　賃	円	当月分・翌月分を 毎月　　日まで	振込　／　持参
敷　金	家賃　　か月相当分 　　　　　　　　円		振込　／　持参

(6)報酬に含まれていない管理業務に関する費用であって、乙が通常必要とするもの

空室管理時の水道光熱費

(7)財産の分別管理に関する事項

乙は以下の方法により、乙の財産と受領済みの家賃・敷金等につき分別管理を行う。

・乙の保有財産に係る口座とは別個の家賃等収納・保管専用口座を設け受領するとともに、
　帳簿や会計ソフト上でもオーナー毎に固有財産と家賃等を分別。

(8)定期報告に関する事項

・報告の対象となる期間
・管理業務の実施状況
・管理業務の対象となる賃貸住宅の維持保全の状況
・管理業務の対象となる賃貸住宅の入居者からの苦情の発生状況及び対応状況

※頭書(3)に記載する管理業務の実施状況を定期的に報告することとします。また、甲は必要があると認められるときは、乙に対して管理業務の実施状況に関して報告を求めることができることとします。

(9)責任及び免責に関する事項

・天災等による損害等、乙が責任を負わないこととする場合は、その旨を記載し、説明すること。
・甲が賠償責任保険等への加入をすることや、その保険に対応する損害については乙が責任を負わないこととする場合は、その旨を記載し、説明すること。

(10)契約期間に関する事項

契約期間	（始期）令和　　年　　月　　日から （終期）令和　　年　　月　　日まで	年　　月間

(11)入居者への対応に関する事項

入居者へ周知する内容	入居者への周知方法
・上記(3)乙が行う管理業務の実施方法 ・乙の連絡先 ・乙による本物件の管理業務の終了及び新たに管理を行うことになる者	メール又は郵送により周知します

(12)契約の更新又は解除に関する事項

a. 契約の更新について

　甲及び乙は、協議の上、本契約を更新することができ、更新の際には甲又は乙は、契約期間が満了する日までに、相手方に対し、文書でその旨を申し出るものとする。

b. 契約の解除について

　甲は乙が契約に定める義務の履行に関してその履行義務を果たさない場合には、その相手方は相当の期間を定めて履行を催促し、その期間内に当該義務が履行されないが無い場合は、本契約を解除することができる。
乙は、甲に対して少なくとも〇ヶ月前に解約の申し入れを行うことにより、本契約を解約することができます。

c. 解約の申し入れについて

　甲または乙は、その相手方に対して、少なくとも〇か月前に文書により解約の申入れを行うことにいより、本契約を終了させることができる。

住戸明細表

（1）賃貸借の目的物

建物名称	
建物所在地	

（2）住戸内の設備

設　備	有無	備　　考
エアコン一基	有・無	
バルコニー（1階は除く）	有・無	
オートロック	有・無	
システムキッチン	有・無	
フローリング床	有・無	
床暖房	有・無	
追焚き機能付風呂	有・無	
浴室乾燥機	有・無	
独立洗面所	有・無	
クローゼット又は1間収納	有・無	
大型下足入れ	有・無	
電話2回線以上	有・無	
宅配ボックス	有・無	
	有・無	
	有・無	
	有・無	

（3）住戸内訳

部屋番号	面積		間取り	家賃	備　　考
	壁芯・内法	㎡		円	
	壁芯・内法	㎡		円	
	壁芯・内法	㎡		円	
	壁芯・内法	㎡		円	
	壁芯・内法	㎡		円	
	壁芯・内法	㎡		円	
	壁芯・内法	㎡		円	
	壁芯・内法	㎡		円	
	壁芯・内法	㎡		円	

巻末資料

特定賃貸借契約 重要事項説明書＜記載例＞

（第一面）

注）普通借家契約の場合の記載例

令和○年○月○日

○○ ○○ 殿 （甲）

　第二面に記載した賃貸住宅の特定賃貸借契約の内容等について、賃貸住宅の管理業務等の適正化に関する法律第30条の規定に基づき、次のとおり説明します。

この書面には、特定賃貸借契約を締結する上でのリスクや留意点が記載されています。あらかじめよくお読みいただき、ご不明な点はご確認ください。

---

(1)当社からお客様にお支払いする家賃は減額される場合があります。

・本契約では、お客様にお支払いする家賃を定期的に見直すこととしており、見直しにより、家賃が減額となる場合があります。

・本契約には、借地借家法第32条第１項（借賃増減請求権）が適用されるため、定期的な見直しの日以外の日であっても、当社からお客様に支払う家賃が、変更前の家賃額決定の要素とした事情等を総合的に考慮した上で、
①土地又は建物に対する租税その他の負担の増により不相当となったとき
②土地又は建物の価格の低下その他の経済事情の変動により不相当となったとき
③近傍同種の建物の借賃に比較して不相当となったとき
は、本契約の条件にかかわらず、当社は家賃を相当な家賃に減額することを請求することができます。

・ただし、空室の増加や当社の経営状況の悪化等が生じたとしても、上記①〜③のいずれかの要件を充足しない限りは、同条に基づく減額請求はできません。

・また、借地借家法に基づく、当社からの減額請求について、お客様は必ずその請求を受け入れなければならないわけでなく、当社との間で、変更前の家賃決定の要素とした事情を総合的に考慮した上で、協議により相当家賃額が決定されることとなります。

(2)契約期間中においても解約となる場合があります。また、お客様から更新を拒絶される場合は、正当な事由が必要となります。

・本契約では、契約期間中においても、当社から解約の申し入れをすることにより、解約をすることができます。

・本契約には、借地借家法第28条（更新拒絶等の要件）が適用されるため、お客様から更新の拒絶をする場合には、
①お客様及び当社（転借人（入居者）を含む）が建物の使用を必要とする事情
②建物の賃貸借に関する従前の経過
③建物の利用状況及び建物の現況並びにお客様が建物の明渡しの条件として又は建物の明渡しと引換えに当社（転借人（入居者）を含む）に対して財産上の給付をする旨の申出をした場合におけるその申出
を考慮して、正当の事由があると認められる場合でなければすることができません。

(1)特定賃貸借契約を締結する特定転貸事業者の商号等

借主 （乙）	商号（名称）	○○株式会社
	代表者	代表取締役　○○　○○
	住所	○○県○○市○○○－○－○
	連絡先	電話番号○○－○○○○－○○○○
	登録年月日	令和○年○月○日
	登録番号	賃貸住宅管理業者登録番号（　）第　　　　　号

説明をする者	氏名	○○　○○
	事務所住所	○○県○○市○○○－○－○
	連絡先	電話番号○○－○○○○－○○○○
	資格	賃貸不動産経営管理士　登録番号（　　　　　）

業務管理者	氏名	○○　○○
	事務所住所	○○県○○市○○○－○－○
	連絡先	電話番号○○－○○○○－○○○○
	証明番号又は登録番号	（1）0 1 2 3 4 5 6

※1 特定賃貸借契約と管理受託契約を1つの契約として締結する場合、法第13条の規定に基づく書面と法第30条の規定に基づく書面を1つにまとめること、及び、法第14条の規定に基づく書面と法第31条の規定に基づく書面を1つにまとめることが可能。なお、維持保全業務等を行わず特定賃貸借契約のみ契約する場合は、「登録年月日」「登録番号」「業務管理者」欄の記載は不要。

※2 「証明番号又は登録番号」欄については、法施行規則第14条第1号に該当する者については登録証明事業による証明番号を記入し、括弧内に登録証明事業の登録番号（※3）を記入すること。同条第2号に該当する者については宅地建物取引士証の登録番号を記入し、括弧内に登録を受けた都道府県名等を記入すること。

※3 令和2年度までの賃貸不動産経営管理士試験に合格し賃貸不動産経営管理士証の交付を受けた者が移行講習を修了した場合、括弧内の記載及び隣接する箇所に交付済みの移行講習修了証番号を記載すること。

(2)特定賃貸借契約の対象となる賃貸住宅

建物の 名称・ 所在地等	名　　称	○○ハウス	
	所在地	○○県○○市○○○－○－○	
	構造等	軽量鉄骨造　2階建　6戸	
	面　積	敷 地 面 積	○○○.○㎡
		建 築 面 積	○○○.○㎡
		延 べ 面 積	○○○.○㎡
住戸部分		別紙「住戸明細表」に記載の通り	
その他の部分		廊下、階段、エントランス	
建物設備		ガ　　ス	都市ガス
		上　水　道	水道本管より直結
		下　水　道	公共下水
		共聴アンテナ	BS
附属施設等		駐　車　場	有（本契約の対象に含む）
		自転車置場	有（本契約の対象に含む）

（3）契約期間に関する事項

契約期間	（始期）令和○年○月○日から （終期）令和○年○月○日まで	○年○月間	普通借家契約 定期借家契約

・本契約では、契約期間中においても、当社から解約の申し入れをすることにより、解約をすることができます。

・本契約には、借地借家法第28条（更新拒絶等の要件）が適用されるため、お客様が更新を拒絶する場合には、

　①お客様及び当社（転借人（入居者）を含む）が建物の使用を必要とする事情

　②建物の賃貸借に関する従前の経過

　③建物の利用状況及び建物の現況並びにお客様が建物の明渡しの条件として又は建物の明渡しと引換えに当社（転借人（入居者）を含む）に対して財産上の給付をする旨の申出をした場合におけるその申出

　を考慮して、正当の事由があると認められる場合でなければすることができません。

・契約期間中においても、家賃は変更になることがあります。

引渡日	令和○年○月○日

（4）乙が甲に支払う家賃その他賃貸の条件に関する事項

	金　　額	支　払　期　限	支　払　方　法
家賃	○○○,○○○円	当月分・翌月分を 毎月○○日まで	振込 ／ 持参
	家賃の設定根拠	近傍同種の家賃相場（別紙）を踏まえて設定	
	初回の家賃改定日	本契約の始期から○年を経過した日の属する日の翌月1日	
	2回目以降の 家賃改定日	初回の家賃改定日経過後　　○年毎	

・上記の家賃改定日における見直しにより、家賃が減額となる場合があります。

・本契約には、借地借家法第32条第1項（借賃増減請求権）が適用されるため、上記の家賃改定日以外の日であっても、当社からお客様に支払う家賃が、上記記載の家賃額決定の要素とした事情等を総合的に考慮した上で、

　①土地又は建物に対する租税その他の負担の増減により不相当となったとき

　②土地又は建物の価格の上昇又は低下その他の経済事情の変動により不相当となったとき

　③近傍同種の建物の借賃に比較して不相当となったとき

　は、本契約の条件にかかわらず、当社は家賃を相当な家賃に減額することを請求することができます。

・ただし、空室の増加や当社の経営状況の悪化等が生じたとしても、上記①～③のいずれかの要件を充足しない限りは、同条に基づく減額請求はできません。

・また、借地借家法に基づく、当社からの減額請求について、お客様は必ずその請求を受け入れなければならないわけでなく、当社との間で、変更前の家賃決定の要素とした事情を総合的に考慮した上で、協議により相当家賃額が決定されることとなります。

	金　額	支　払　期　限	支　払　方　法
敷金	家賃　○か月相当分 ○○○,○○○円	○月　○日まで	振込 ／ 持参

・引渡しに係る借上げ家賃の支払い免責期間

引渡日から　○ヶ月

・退出募集に係る借上げ家賃の支払免責期間

退出募集支払免責期間　○ヶ月

(5)乙が行う賃貸住宅の維持保全の実施方法

実施箇所等		内容・頻度等	乙	委託	委託先
点検・清掃等	玄関・廊下・階段	外観点検　○回/年　清掃・・・	■	□	
	駐輪場・駐車場	外観点検　○回/年　清掃・・・	■	□	
	駐車場・自転車置場	外観点検　○回/年　清掃・・・	■	□	
	ゴミ集積所	外観点検　○回/年　清掃・・・	■	□	
	照明器具	外観点検　○回/年　清掃・・・	■	□	
	自動火災報知器	法定点検　○回/年	□	■	○○○○
	消火設備	法定点検　○回/年	□	■	○○○○
	防災設備	外観点検　○回/年	□	■	○○○○
修繕等	見積り・手配	修繕工事の見積り・手配	■	□	
その他	苦情対応	入居者からの建物・設備の苦情対応の具体的な内容、 入居者や近隣住民からの苦情対応の具体的な内容等を記載	□	■	○○○○

※実施箇所等の例：点検・清掃（玄関、廊下、階段、駐輪場、駐車場、屋根、外壁、植栽、フェンス、掲示板、駐車場、自転車置場、ゴミ集積所、水道、外灯、照明器具、受水槽、配水管、テレビ共聴設備、自動火災報知器、消火設備、防災設備、防犯設備）、修繕等（見積り・手配等）、その他（入居者からの苦情や問い合わせへの対応等）

※内容の例：法定点検、定期巡回点検、緊急時巡回点検、修繕、修繕業者への発注、設備の管理、清掃（清掃作業の具体的内容）等

（6）乙が行う賃貸住宅の維持保全の費用負担に関する事項

実施箇所等		費用負担者		内　　容
		甲	乙	
点検・清掃等	玄関・廊下・階段	☐	☐	外観点検　○回/年　清掃・・・
	駐輪場・駐車場	☐	☐	外観点検　○回/年　清掃・・・
	駐車場・自転車置場	☐	☐	外観点検　○回/年　清掃・・・
	ゴミ集積所	☐	☐	外観点検　○回/年　清掃・・・
	照明器具	☐	☐	外観点検　○回/年　清掃・・・
	自動火災報知器	☐	☐	法定点検　○回/年
	消火設備	☐	☐	法定点検　○回/年
	防災設備	☐	☐	外観点検　○回/年
		☐	☐	
修繕等	見積り・手配	☐	☐	修繕工事の見積り・手配
	建物本体	☐	☐	基礎の浮き・クラック
		☐	☐	屋根・外壁の汚れ、亀裂、破損、錆、防水
		☐	☐	階段・廊下の破損、錆等
		☐	☐	土間・ベランダの破損、錆等
		☐	☐	その他
	建物設備	☐	☐	駐車場・駐輪場の車止・白線等の破損
		☐	☐	外構・フェンスの破損、錆等
		☐	☐	自動ドア、オートロックの破損、故障
		☐	☐	排水桝・配水管の高圧洗浄等
		☐	☐	その他
	住戸部分 共用部分	☐	☐	畳・襖・障子の張替え
		☐	☐	床・壁のクリーニング
		☐	☐	ＣＦ・フローリング・壁紙の張替え
		☐	☐	給湯器等の設備の修理、交換
		☐	☐	
その他		☐	☐	入居者・近隣からの苦情・相談対応
		☐	☐	諸設備に付属するリモコン等の小物、消耗品交換
		☐	☐	敷地内工作物の修理・取替え
		☐	☐	共用部分の公共料金
		☐	☐	自治会費
		☐	☐	その他

・乙の責めに帰すべき事由（転借人の責めに帰すべき事由を含む。）によって必要となった修繕については、上記の費用負担者の記載にかかわらず、甲はその費用を負担しない。

(7)維持保全の実施状況の報告に関する事項

(5)に記載する乙が行う賃貸住宅の維持保全の実施状況を定期的に報告することとします。また、甲は必要があると認められるときは、乙に対して維持保全の実施状況に関して報告を求めることができることとします。

(8)損害賠償額の予定又は違約金に関する事項

引渡日までの間の解約を行う場合は、○日前に申し入れをすることとし、違約金は○円とします。

(9)責任及び免責に関する事項

・天災等による損害等、乙が責任を負わないこととする場合は、その旨を記載し、説明すること。
・甲が賠償責任保険等への加入をすることや、その保険に対応する損害については乙が責任を負わないこととする場合は、その旨を記載し、説明すること。

(10)転借人の資格その他の転貸の条件に関する事項

条件項目	条件の有無	条件の内容
転貸借契約において定めるべき事項	有・無	・乙は、転貸借契約を締結するに際し、当該契約が転貸借契約であることを転借人に開示するとともに、転借人が反社会的勢力でないこと、転借人に対し、(11)のとおり乙が行う維持保全の内容を周知すること、本契約が終了した場合、甲は、転貸借契約における乙の転貸人の地位を承継することを契約条項とすること。
契約態様	有・無	
契約期間	有・無	
家賃	有・無	
共益費	有・無	
敷金	有・無	
転借人	有・無	
その他	有・無	

(11)乙が行う賃貸住宅の維持保全の内容の転借人に対する周知に関する事項

転借人へ周知する内容	転借人への周知方法
・上記(5)乙が行う維持保全の実施方法 ・乙の連絡先	メール又は郵送により周知します

（12）契約の更新又は解除に関する事項

a. 契約の更新及び更新拒絶について

　　甲及び乙は、協議の上、本契約を更新することができます。

　　また、本契約には、借地借家法第 28 条（更新拒絶等の要件）が適用されるため、甲から更新を拒絶する場合には、

　　　①甲及び乙（転借人（入居者）を含む）が建物の使用を必要とする事情

　　　②建物の賃貸借に関する従前の経過

　　　③建物の利用状況及び建物の現況並びに甲が建物の明渡しの条件として又は建物の明渡しと引換えに乙（転借人（入居者）を含む）に対して財産上の給付をする旨の申出をした場合におけるその申出

　　を考慮して、正当の事由があると認められる場合でなければすることができません。

b. 契約の解約について

　　乙は、甲に対して少なくとも○ヶ月前に解約の申し入れを行うことにより、本契約を解約することができます。

c. 契約の解除について

　　甲は、乙が家賃支払義務を 3 ヶ月以上怠ったとき、転貸の条件に従い転貸する義務に違反した場合、及び維持保全の費用負担義務に違反した場合に、甲が相当の期間を定めて当該義務の履行を催告したにもかかわらず、その期間内に当該義務が履行されないときは、本契約を解除することができます。

　　※その他、家賃改定の協議で合意できなければ契約が終了する条項や、一定期間経過後との修繕に
　　　応じない場合には契約を更新しないこととする場合は、その旨を記載し説明すること。

（13）乙の権利義務の承継に関する事項

　　本契約が終了した場合、甲は、転貸借契約における乙の転貸人の地位を承継することとします。転貸人の地位を承継した場合、正当な事由なく入居者の契約更新を拒むことはできません。また、その場合、甲は乙の敷金返還債務を承継することとなります。

(14)借地借家法その他特定賃貸借契約に係る法令に関する事項の概要

a. 借地借家法第32条第1項（借賃増減請求権）について

・本契約には、借地借家法第32条第1項（借賃増減請求権）が適用されるため、上記の家賃改定日以外の日であっても、乙から甲に支払う家賃が、変更前の家賃額決定の要素とした事情等を総合的に考慮した上で、

①土地又は建物に対する租税その他の負担の増減により不相当となったとき

②土地又は建物の価格の上昇又は低下その他の経済事情の変動により不相当となったとき

③近傍同種の建物の借賃に比較して不相当となったとき

は、本契約の条件にかかわらず乙は家賃を相当な家賃に減額することを請求することができます。

・ただし、空室の増加や当社の経営状況の悪化等が生じたとしても、上記①～③のいずれかの要件を充足しない限りは、同条に基づく減額請求はできません。

・また、借地借家法に基づく、乙からの減額請求について、甲は必ずその請求を受け入れなければならないわけでなく、乙との間で、変更前の家賃決定の要素とした事情を総合的に考慮した上で、協議により相当家賃額が決定されることとなります。

b. 借地借家法第28条（更新拒絶等の要件）について

・本契約には、借地借家法第28条（更新拒絶等の要件）が適用されるため、甲から更新を拒絶する場合には、

①甲及び乙（転借人（入居者）を含む）が建物の使用を必要とする事情

②建物の賃貸借に関する従前の経過

③建物の利用状況及び建物の現況並びに甲が建物の明渡しの条件として又は建物の明渡しと引換えに乙（転借人（入居者）を含む）に対して財産上の給付をする旨の申出をした場合におけるその申出

を考慮して、正当の事由があると認められる場合でなければすることができません。

□著者略歴

江口　正夫（えぐちまさお）

　海谷・江口・池田法律事務所　弁護士

昭和50年３月　東京大学法学部卒業　弁護士（東京弁護士会所属）
最高裁判所司法研修所弁護教官室所付、日本弁護士連合会代議員、
東京弁護士会常議員、民事訴訟法改正問題特別委員会副委員長、
（旧）建設省委託貸家業務合理化方策検討委員会委員、（旧）建設
省委託賃貸住宅リフォーム促進方策検討委員会作業部会委員、
NHK文化センター専任講師、不動産流通促進協議会講師、東京商
工会議所講師等を歴任、公益財団法人日本賃貸住宅管理協会理事

賃貸住宅管理業・サブリース業のための
わかりやすい賃貸住宅管理業法の実務ポイント

2021年10月7日　第1版第1刷発行

著　……江 口 正 夫

発行者……箕 浦 文 夫

発行所……株式会社大成出版社

　　　　　〒156-0042 東京都世田谷区羽根木1—7—11
　　　　　TEL 03—3321—4131（代）
　　　　　https://www.taisei-shuppan.co.jp/

ⓒ2021　江口正夫　　　　　　印刷　信教印刷
ISBN978-4-8028-3452-0